Pe. LOURENÇO KEARNS

A VIDA CONSAGRADA APÓS O CONCÍLIO VATICANO II

Avanços e retrocessos

DIREÇÃO EDITORIAL: Pe. Fábio Evaristo R. Silva, C.Ss.R.
CONSELHO EDITORIAL: Ferdinando Mancilio, C.Ss.R.
Gilberto Paiva, C.Ss.R.
José Uilson Inácio Soares Júnior, C.Ss.R.
Marcelo da Rosa Magalhães, C.Ss.R.
Mauro Vilela, C.Ss.R.
Victor Hugo Lapenta, C.Ss.R.
COORDENAÇÃO EDITORIAL: Ana Lúcia de Castro Leite
COPIDESQUE: Luana Galvão
REVISÃO: Sofia Machado
CAPA: Bruno Olivoto
DIAGRAMAÇÃO: José Antonio dos Santos Junior

Dados Internacionais de Catalogação na Publicação (CIP) de acordo com ISBD

K24v   Kearns, Lourenço

A vida consagrada após o Concílio Vaticano II: avanços e retrocessos / Lourenço Kearns. - Aparecida, SP : Editora Santuário, 2019.
208 p. ; 14cm x 21cm.

Inclui índice.
ISBN: 978-85-369-0611-9

1. Cristianismo. 2. Concílio Vaticano. 3. Vida consagrada. I. Título.

2019-1590   CDD 240
CDU 24

Elaborado por Vagner Rodolfo da Silva - CRB-8/9410

Índice para catálogo sistemático:
1. Cristianismo 240
2. Cristianismo 24

1ª impressão

Todos os direitos reservados à EDITORA SANTUÁRIO – 2019

Rua Pe. Claro Monteiro, 342 – 12570-000 – Aparecida-SP
Tel.: 12 3104-2000 – Televendas: 0800 - 16 00 04
www.editorasantuario.com.br
vendas@editorasantuario.com.br

Introdução
A Vida Consagrada – Avanços e Retrocessos

A Vida Consagrada, aqui na América Latina e, mais especificamente, no Brasil, demonstra sinais da existência de várias realidades que descrevem seu verdadeiro ser e agir na Igreja e na sociedade. Há os *avanços* que animam a vivência autêntica dessa vocação e identidade específica na Igreja. O documento *Lumen Gentium*, do Concílio Vaticano II, descreveu o Mistério da Igreja e também o ministério de seus diferentes participantes. Nos capítulos três e quatro desse documento, o Concílio descreveu a identidade, o lugar e o serviço dos Bispos, Padres e dos leigos na Igreja. E, finalmente, no capítulo seis, os Padres Conciliares descreveram uma vocação singular, uma identidade específica na Igreja: a vida consagrada.

> Portanto, o estado constituído pela profissão dos conselhos evangélicos, embora não pertença à estrutura hierárquica da Igreja, está, contudo, inabalavelmente ligado a sua vida e santidade (*Lumen Gentium*, capítulo 6, n. 44).

> Ao longo dos séculos, nunca faltaram homens e mulheres que, dóceis ao chamamento do Pai e à moção do Espírito, escolheram este caminho de especial seguimento de Cristo, para se dedicarem a Ele de coração "indiviso" (Doc. *Vita Consecrata*, n. 1).

Os avanços seriam os sinais de fidelidade a essa vocação específica na Igreja. São muitos sinais ou avanços que são consoladores e edificantes. Há tantos sinais de vida autêntica dessa vocação religiosa e sinais da fiel vivência da vida consagrada aqui em todo o Brasil, na América Latina e no mundo. Sem dúvida, foram visíveis e proféticos esses sinais de avanços que ajudaram a profetizar o reino. Diante desses sinais de testemunho profético que estamos vivendo, o documento de Aparecida descreveu nossa vocação religiosa na Igreja assim:

> É um caminho de especial seguimento de Cristo, para dedicar-se a Ele com coração indiviso e colocar-se, como Ele, a serviço de Deus e da humanidade, assumindo a forma de vida que Cristo escolheu para vir a este mundo: vida virginal, pobre e obediente (Doc. Aparecida, 5.3.5).

Mas, coexistindo com os avanços, há também sinais da falta da vivência mais radical de nosso batismo e de nossa identidade religiosa, como foi descrito no Concílio Vaticano II e em todos os documentos de várias conferências do CELAM. Podemos, neste livro, chamá-los de *retrocessos*. Ninguém pode negar que, no mundo todo, há sinais de uma crise de identidade sobre o ser e a vivência da vida consagrada na Igreja. Alguns não gostam da palavra "crise" e insistem em dizer que a vida religiosa está, simplesmente, passando uma "fase". A palavra fase é uma fuga da realidade que não quer assumir o fato de haver crise na vida consagrada no mundo todo. Não é uma fase, é crise mesmo, que espero explicar mais tarde com os resultados dos estudos feitos sobre a condição real da vida consagrada no mundo todo. A palavra crise incomoda porque exige respostas mais imediatas e urgentes, que incluem mudanças de estruturas e maneiras de ser e agir para poder superá-la. *Sem mudanças a crise na vida religiosa vai continuar.*

> A Vida Religiosa Consagrada, dentro do movimento que resultou na realização do Concílio Vaticano II, está passando por um profundo e sofrido processo de redescobrimento de sua identidade. Processo que inclui um momento negativo de desconstrução de uma determinada identidade que já não responde às novas realidades vividas; e, o que torna a tarefa ainda mais difícil, a necessidade de, simultaneamente, ensaiar a construção de uma nova compreensão de si mesma (...). Todo este processo sob a pressão da urgência dos tempos e das situações. Tarefa que, mesmo tendo começado antes do próprio Concílio, ainda está a caminho e que, como todo processo, se não for bem conduzido e levado adiante com o devido vigor, pode correr o risco do retrocesso (Frei José Carlos Correia Paz, Instituto Teológico Franciscano, Petrópolis, RJ, http://franciscanostor.org.br/).

> Nestes anos de renovação, a vida consagrada atravessou, como de resto outras formas de vida na Igreja, um período delicado e árduo. Foi um período rico de esperanças, de tentativas e propostas inovadoras, visando revigorar a profissão dos conselhos evangélicos. Mas foi também um tempo com suas tensões e angústias, ao longo do qual experiências até generosas nem sempre foram coroadas de resultados positivos (Doc. Vita Consecrata, n. 13).

Houve e continua havendo um apelo para que possamos voltar para as *raízes da vida consagrada*, como foram vistas e vividas por Padres e Madres do Deserto, quando, no século quatro, a Vida Consagrada se tornou um movimento dentro do contexto da Igreja. Precisamos também voltar para o começo carismático do início de nossas Congregações e Ordens para captar a visão de nossos fundadores, para nos afastar dessa crise e iniciar uma vida nova, santa e profética na Igreja. É claro que precisamos criar roupa nova, estruturas novas, mas fielmente redescobrindo o "espírito" atrás desse "novo" que nunca muda com o tempo. Tudo isso já foi colocado diante de nós no apelo de refundação. Mas padre João Batista Libânio, SJ, em uma conferência em São Paulo, disse aos religiosos que o movimento de refundação na vida religiosa no Brasil foi um fracasso. Veremos os resultados negativos da tentativa de refundação mais tarde. Esse é o desafio diante de toda a vida religiosa no Brasil e no mundo – a necessidade da refundação séria e assumida.

Eis a finalidade das afirmações dos avanços e retrocessos neste livro. É colocar sinais de esperança e de fidelidade para nutrir e animar a fidelidade de nossa vocação religiosa. Mas também tem por finalidade colocar questionamentos para buscarmos vivê-la melhor. Enfim, é um chamado à conversão. E, de uma assumida conversão, criar a esperança de animar uma nova refundação e nova vida dessa vocação tão importante na Igreja. Quantos documentos recentes sobre a vida religiosa usaram as palavras da necessidade "de profecia da vida consagrada". Nosso mundo moderno e secularizado está tentando apagar o "Sagrado" em tudo. Como o mundo e até a própria Igreja precisam de profetas e profetisas que vivam o "Sagrado" de uma forma mais profética, por meio da vivência autêntica de sua consagração batismal e religiosa!

> Medellín dá um passo a mais e afirma que (a vida religiosa) é um carisma profético, tem uma missão profética. Essa visão do profetismo da Vida Religiosa ilumina muito de sua identidade e sua missão (Victor Codina, SJ, *Convergência*, Janeiro 2018, p. 48).

> Em nosso mundo, onde frequentemente parecem ter-se perdido os vestígios de Deus, torna-se urgente um vigoroso testemunho profético por parte das pessoas consagradas. Tal testemunho versará, primariamente, sobre a afirmação da primazia de Deus e dos bens futuros, como transparece do seguimento e da imitação de Cristo casto, pobre e obediente, voltado completamente à glória do Pai e ao amor dos irmãos e das irmãs. A própria vida fraterna é já profecia em ato, em uma sociedade que, às vezes, sem se dar conta, anela profundamente por uma fraternidade sem fronteiras. Às pessoas consagradas é pedido que ofereçam seu testemunho, com a ousadia do profeta que não tem medo de arriscar a própria vida (Doc. Vita Consecrata, n. 85).

Mas a profecia precisa ser vista e ouvida por meio da vida. Chega de tantas teorias sobre a vida consagrada. A profecia fala de vida e fala mais alto do que todos os nossos discursos. A profecia é o grande chamado, a vocação e o desafio da vida religiosa hoje no Brasil e no mundo. Mas a conversão e a honestidade precisam acontecer exatamente no que estamos profetizando. Se não, caímos no farisaísmo e na falsidade.

Deus sempre foi e permanece fiel a seus consagrados. E também nos chama à fidelidade e à conversão, como resposta de amor e de fidelidade diante de nossa identidade especial na Igreja e no mundo. Somente nossa fidelidade vocacional vai chamar outros a quererem assumir a mesma vocação da vida consagrada e superar a falta de vocações em muitas de nossas Congregações e Ordens.

Que Jesus, o Ungido e Consagrado (Cl 4,18-19), e Maria, Mãe dos consagrados, ajudem-nos a acolher com alegria nossos avanços e buscar conversão de nossos retrocessos, para animar de novo nossa identidade específica e profética em nossa Igreja.

> Cada um dos que foram chamados à profissão dos conselhos cuide com empenho de perseverar na vocação a que o Senhor o chamou e de nela se aperfeiçoar para maior santidade da Igreja e maior glória da una e indivisa Trindade, a qual em Cristo e por Cristo é a fonte e origem de toda a santidade (*Lumen Gentium*, cap. 6, n. 47).

No fim de cada capítulo haverá algumas perguntas. A finalidade é incentivar uma *partilha comunitária* sobre questões pertinentes a nossa vida consagrada. Falta muito esse elemento de partilha hoje em dia na vida consagrada. É claro que, por mais que sejamos abertos uns com os outros, o melhor seria o caminho de possíveis confrontos sobre a vivência ou a falta de vivência de nossa vida consagrada. Confronto não significa "briga", mas a busca da verdade, que liberta. O confronto é o início do processo de conversão. Pode até acontecer que alguns nem queiram fazer esses passos. Optam por não mexer com o "status quo" e fazem a opção pela acomodação. Mas, se alguns membros na comunidade quiserem crescer, deverão ir para frente e fazê-lo. Não precisarão ficar para trás por causa de certo fechamento. É a vida consagrada. Quanto mais partilharmos sobre coisas mais sérias a respeito de nossa consagração, é melhor. Ajuda imensamente descobrir que outros membros da comunidade experimentam os mesmos avanços e os mesmos retrocessos em suas vidas. É consolador perceber que não somos os únicos no barco. Finalmente, vamos descobrir que somos responsáveis pela vocação de nossos irmãos. E melhor ainda seria se as mesmas perguntas chegassem a ser meditadas antes de um Capítulo Provincial com a participação de todos na Província. Que Cristo e Maria, consagrados, animem-nos e nos levem a procurar a vontade de Deus Pai em nossa vida consagrada.

1 OS AVANÇOS NA VIDA RELIGIOSA

Depois do Concílio Vaticano II e dos vários documentos dos Bispos de toda a América Latina (CELAM), a vida religiosa foi chamada à conversão e, especialmente, a assumir o apelo de ser mais profética na Igreja e em nossa sociedade cada vez mais secularizada. Fomos chamados à refundação da intenção original dos Padres e das Madres do Deserto do século quatro e da experiência mística de nossos fundadores, isto é, *a vivência profética da primazia do amor a Deus e ao próximo*, que foi basicamente o mesmo conteúdo da aliança de nosso batismo.

> Em um continente onde se manifestam sérias tendências de secularização, também na vida consagrada, os religiosos são chamados a dar testemunho da absoluta primazia de Deus e de seu Reino (Doc. Aparecida, n. 219).

> (A vida consagrada) ... trata-se de deixar tudo para seguir o Senhor. Não, não quero dizer radical. A radicalidade evangélica não é só para os religiosos: a todos se exige. Mas os religiosos seguem o Senhor de modo especial, de modo profético. Espero de vós esse testemunho (Papa Francisco; "Alegrai-vos"; carta circular aos Consagrados e Consagradas, n. 1).

Para entender esse "avanço", temos de perceber que primeiro houve um retrocesso em algum aspecto de nossa vida consagrada. Depois do Concílio Vaticano II, houve um reconhecimento dos religiosos, em geral, de que faltaram algumas coisas importantes em sua vocação. Faltou, possivelmente, uma profecia visível na prática de nossa vida consagrada. Em muitas circunstâncias, a vida religiosa tem colocado a pessoa de Jesus Cristo na periferia da vivência autêntica de sua vocação. Então colocamos uma porção de substitutos no lugar central em nossa vida consagrada, mas sem Cristo. Este se tornou uma ideia ou uma teologia, mas não aquele que nos escolheu e nos chamou a viver a aliança da vida consagrada na Igreja. Veremos mais sobre isso quando tratarmos dos retrocessos.

1. Cristocentrismo

Um grande e importante avanço foi que nós, religiosos, finalmente colocamos a pessoa de Cristo de novo no centro de nossa vida consagrada. Voltamos para uma vivência essencial e libertadora do *Cristocentrismo*.

> Na atualidade da América Latina e do Caribe, a vida consagrada é chamada a ser uma vida discipular, apaixonada por Jesus-caminho ao Pai misericordioso, por isso de caráter profundamente místico e comunitário. É chamada a ser uma vida missionária, apaixonada pelo anúncio de Jesus-verdade do Pai, por isso mesmo radicalmente profética, capaz de mostrar à luz de Cristo as sombras do mundo atual e os caminhos de uma vida nova, para o que se requer um profetismo que aspire até à entrega da vida

em continuidade com a tradição de santidade e martírio de tantos e tantos consagrados ao longo da história do Continente (Doc. Aparecida, n. 220).

Pouco a pouco, pois, como a conversão sempre é um processo até, às vezes, lento e doloroso, nós religiosos começamos a perceber que nossos substitutos foram o que exatamente são: substitutos e não o essencial em nossa vida consagrada. Houve substitutos sem dúvida importantes em nossa vida espiritual, em nosso desenvolvimento psicológico e comunitário, mas eles não, necessariamente, trataram do essencial. O erro foi tratar o substituto como se fosse o essencial e o remédio milagroso para todos os nossos problemas pessoais, comunitários e apostólicos, pois, no processo, perdemos a visão do essencial: Jesus Cristo.

Enfim, abrimos a porta para Cristo entrar de novo no meio de nossa vida de consagração até para nos questionar sobre nossos substitutos como essenciais e dar espaço para Ele nos chamar à conversão. Não foi fácil admitir que optamos por assumir certos desvios e modismos em prejuízo do verdadeiro sentido de nossa consagração religiosa. Fomos, às vezes, até infiéis ao projeto de consagração, mas tivemos coragem e iniciamos o processo de conversão. Isso foi um grande avanço. Assumimos a alegria de entrar de novo no *discipulado de Jesus*. Redescobrimos o sentido do seguimento radical de Jesus e a necessidade de viver com e como Jesus, isso terminou em um processo de conversão *Cristocêntrica*.

Dado que a vida religiosa tem por última norma o seguimento de Cristo proposto no Evangelho, deve ser esta a regra suprema de todos os Institutos (Concílio Vaticano II, *Perfectae Caritatis*, n. 2, a).

A primeira coisa que Jesus fez, depois de seu batismo no Jordão, foi formar um Rabinato, isto é, uma comunidade íntima, composta de um Mestre (Rabi), para viver com seus discípulos para fins espirituais e missionários. Essa instituição do Rabinato já existia no Judaísmo, em que um jovem, para viver, mais radicalmente, a Lei Mosaica, buscava um Rabi e começava o processo de aprender a viver a Lei e a tradição Rabínica (Talmude). São Paulo, cujo Mestre era Gamaliel (At 22,3), foi um exemplo de alguém que passou por um Rabinato. Mas, no Rabinato de Jesus, composto do Mestre Jesus e seus doze discípulos, Ele reduziu tudo não para a perfeição na vivência de toda a Lei, mas para a vivência mais radical de somente *dois mandamentos*: amar a Deus de todo o seu coração e ao próximo como você ama a si mesmo.

> O doutor da lei perguntou: "Mestre, qual é o primeiro de todos os mandamentos"? Jesus respondeu: "O primeiro mandamento é este: ouça, ó Israel! O Senhor nosso Deus é o único Senhor! E ame ao Senhor, seu Deus, com todo o seu coração, com toda a sua alma, com todo o seu entendimento e com toda a sua força. O segundo mandamento é este: ame a seu próximo como a si mesmo. Não existe outro mandamento mais importante do que esses dois" (Mt 22,36).

Portanto, a meta no Rabinato de Jesus não foi a perfeição na observância de toda a Lei em si, mas a perfeição na vivência desses dois grandes mandamentos: amar a Deus e ao próximo em uma forma mais intensa. O Mestre Jesus primeiro viveu tudo isso e depois convidou os doze discípulos a livremente entrarem em seu Rabinato: "Siga-me" (Mt 4,19). E foi exatamente esse o necessário avanço na vida religiosa. Redescobrimos o essencial: seguir o Mestre na vivência dos dois grandes mandamentos de amor (aliança do batismo). Voltamos a seguir o Mestre Jesus e não nossos substitutos como o essencial em nossa vida consagrada. Assumimos que esse seguimento incluiria a necessidade de conversão para viver *com* Cristo (oração e contemplação) e, mais desafiante, viver *como* Cristo, nosso Mestre (pobre, casto e obediente). Entramos de novo no discipulado de Jesus. Redescobrimos a necessidade de contemplar o Mestre Jesus para continuar seu ser e seu agir neste mundo secularizado. A vida religiosa de novo assumiu a mesma missão do Mestre como evangelizadores do Reino. E, mais desafiante, voltamos a assumir o mesmo *destino* do Mestre, isto é, assumir a cruz em favor da salvação da humanidade. Mais uma vez, nós, finalmente, colocamos Cristo no centro. O ser da vida consagrada é tão simples que é chocante. Como leis, estruturas e nossos substitutos têm tirado o espírito do projeto original da vida consagrada. Os Padres e as Madres do Deserto perceberam que o ser da vida consagrada foi profundamente enraizado *na consagração batismal*. E a vivência dessa aliança batismal foi reduzida para dois mandamentos por Jesus Cristo: amar a Deus de todo o seu coração e amar ao próximo como a si mesmo (Mc 12,28-31).

A vocação Religiosa é motivada em primeiro lugar não pelo serviço da Igreja, nem da humanidade, nem pela busca da perfeição pessoal. Existe uma motivação muito mais profunda do que todas essas razões. A razão principal da Vida Religiosa é uma. É para mostrar a primazia do amor a Deus. A Vida Religiosa é uma resposta ao primeiro mandamento: "Ouve, ó Israel; o Senhor, nosso Deus, é o único absoluto. "Amarás o Senhor teu Deus com todas forças, com todo o seu entendimento e com toda a tua alma" (Dt 6,4) ("A motivação da vida consagrada", artigo de Pe. François Durwell, C.Ss.R., publicação interna dos Redentoristas).

Um religioso é, portanto, por livre vocação religiosa, alguém que é *de Deus e vive para Deus*. Ele quer pertencer a Deus em uma forma mais intensa por meio de sua consagração batismal livremente assumida. Mas o coração desse chamado fala de amor e não de estruturas e leis. O avanço foi que os religiosos redescobriram tudo isso e entraram na conversão. Voltamos a viver o essencial e deixar nossos substitutos como se fossem os essenciais de consagração.

Houve buscas de oração mais profundas e menos superficiais. Busca de relacionamento apaixonante com Cristo, que nos leva ao conhecimento do Pai. "Quem me vê vê o Pai" (Jo 14,9). Houve mais espaço para as comunidades discernirem e assumirem outras opções de rezar comunitariamente, além da recitação tradicional do ofício divino, que, para certos religiosos, não ajudou a ter uma experiência de Deus. Muitos buscaram um tempo honesto e diário para estar com Deus em oração pessoal, sem a qual a consagração esfria. "Tenho, porém, contra ti que deixaste o teu primeiro amor" (Ap 2,4). E, finalmente, houve também uma busca de retiros de silêncio, que, por algum tempo, faltaram, com menos momentos de colocações compridas e orações comunitárias frequentes, para fornecer um ambiente de contemplação e comunhão mais profunda com Deus.

> Por isso, os membros dos Institutos cultivem, com contínuo esforço, o espírito de oração e a mesma oração, haurindo-a das genuínas fontes da espiritualidade cristã. Sobretudo tenham todos os dias entre mãos a Sagrada Escritura, para que aprendam, pela leitura e meditação, "a eminente ciência de Jesus Cristo" (Fl 3,8). Celebrem a sagrada Liturgia, sobretudo o sagrado mistério da Eucaristia, pelo coração e pela palavra, segundo o espírito da Igreja, e alimentem desta abundantíssima fonte a vida espiritual (Concílio Vaticano II, *Perfectae Caritatis*, n. 5).
>
> Como todo profetismo, a Vida Religiosa está marcada por uma profunda experiência de Deus, que a leva a viver uma vida de entrega total, à denúncia do pecado, ao anúncio do projeto de Deus e à transformação da realidade (Victor Codina, SJ, Convergência, Janeiro, 2018, p. 48).

2. Origens da vida religiosa

Um segundo avanço foi que voltamos a estudar (formação permanente) as origens da vida religiosa como um movimento na Igreja no século quatro. Voltamos a estudar a teologia da Vida Consagrada na Igreja. Descobrimos como complicamos demais, por vários séculos, nossa vida consagrada com leis e estruturas e esquecemo-nos da simplicidade evangélica do projeto original de nossa vocação religiosa. Em nossas assembleias e nossos capítulos, voltamos a frisar e captar de novo o essencial e promover a busca de viver esse essencial. *O avanço foi que voltamos a buscar nossas raízes.* Isso foi o rumo que o Concílio Vaticano II pediu aos religiosos na renovação de suas Constituições e seus Estatutos, buscando a necessidade de voltar para nossas raízes evangélicas e para a experiência mística de nossos fundadores. Voltamos a ter honestidade de purificar algumas estruturas não essenciais e colocamos o desejo de seguir Jesus no centro de novo. Voltamos a estudar a teologia da vida consagrada que foi meio esquecida por vários séculos e que frisou, de fato, muitas coisas não essenciais ou secundárias. Frisamos as estruturas e as leis em cima de mais estruturas e leis. O projeto teológico foi e continua sendo bem simples. O desejo de viver a aliança de nosso batismo, em uma forma mais radical, é o ser e essência da vida consagrada. É ficar apaixonado por Deus, porque descobrimos que Ele primeiro foi e continua sendo apaixonado por todos os seus consagrados. Descobrimos de novo o sentido e a força da palavra *aliança de amor*, que sempre fala de obrigações e direitos dos dois lados. Deus nos ama, e nós queremos ser, por meio de nossa consagração, um sinal profético de nosso amor a Deus. Simples. A consagração religiosa quer que todo o nosso ser pertença a Deus. Isso inclui tudo que sou – passado, presente e futuro. Queremos ser de Deus e viver para Deus. Descobrimos, finalmente, que a vida religiosa não é viver "para ser perfeito", a motivação vocacional à Vida Consagrada por vários séculos. Não somos e nunca seremos perfeitos nesta vida. A perfeição não é a meta, mas o resultado da vivência sincera da vida consagrada. Amar e ser amado por Deus é o caminho de santidade:

> (...) mediante a profissão dos conselhos evangélicos, deve pesar-se seriamente que as melhores adaptações às necessidades de nosso tempo não sortirão efeito, se não forem animadas da renovação espiritual, que sempre, mesmo na promoção das obras exteriores, deve ter a parte principal (Concílio Vaticano II, *Perfectae Caritatis*, n. 2).
>
> Os que professam os conselhos evangélicos busquem e amem antes de tudo a Deus que primeiro nos amou (cf. 1Jo 4,10) e procurem, em todas as circunstâncias, cultivar a vida escondida com Cristo em Deus (cf. Cl 3,3) (ibidem, n. 6).
>
> Experiência de Deus na vida, encontro com Deus nas ruas, em fatos triviais, na história, contemplativos na ação 24 horas por dia, descobrindo Deus não somente na beleza e bondade, mas na injustiça, na pobreza, na fome (Victor Codina, op. cit., p. 50).

3. Espiritualidade de baixo para cima

Outro avanço foi algo mais recente, no qual aprendemos muito da espiritualidade dos monges e das monjas do deserto. A grande maioria de nós cresceu na pós-

-modernidade, que valoriza somente sucessos imediatos como um sinal de perfeição. A ênfase foi na atuação e nos esforços do indivíduo consagrado. A ênfase na formação inicial da vida consagrada foi, por séculos, na *perfeição em tudo que somos e fazemos*, a regra e a norma de santidade em todas as etapas. A perfeição, por meio de nossos próprios esforços e até ao preço de cultivar uma imagem negativa de nós mesmos, foi valorizada como "santidade". E a crise aconteceu, quando acordamos e percebemos que estávamos longe da possibilidade dessa perfeição em tudo nessa vida. Nossa formação foi então um processo de "cima para baixo". Sempre olhamos para cima, buscando a perfeição em tudo, mas, no fim do dia, nós precisávamos nos torturar com a realidade de que não conseguimos perfeição em tudo e, pior, até pecamos, por isso não fomos "bons religiosos", porque não fomos "perfeitos". O que valeu aos olhos de Deus foi o sucesso na perfeição segundo esse modelo de cima para baixo. Isso distorceu imensamente nossa imagem de Deus e impediu um processo de maior intimidade com Ele. Houve mais medo do que amor.

Os Padres do Deserto e tantos santos nos ensinaram outro caminho para a santidade. Descobrimos a espiritualidade *de baixo para cima*. Isso significa que assumimos nossas imperfeições, limitações e até nossos pecados e permitimos Deus entrar nessas áreas imperfeitas de nossa vida, para nos consolar e, sobretudo, curar-nos. A ênfase está em Deus e não em nossos esforços de buscar perfeição. Significa que não precisamos ser perfeitos para entrar em profunda comunhão e intimidade com Deus. Significa que, no dia de nossa profissão religiosa, em um ato público, declaramos para a Igreja que vamos tentar viver nosso amor a Deus e ao próximo 100% (a perfeição/ de "cima para baixo"). Mas agora não escondemos da Igreja, nem de nós mesmos, que estamos longe de poder viver esse 100% no momento. Temos história de pecado em nossa vida, complexos psicológicos que impedem que vivamos 100%. Há em nós o que padre Libânio, SJ, chamou de "dadidade", isto é, tudo que foi dado a nós desde o útero; lembrando que nem sempre recebemos coisas positivas, que agem, continuamente, como *bloqueios* na vivência do 100%. Recebemos, infelizmente, complexos, sinais de rejeição e limitações de toda espécie em nossa "dadidade". A espiritualidade *de baixo para cima* então significa que, com paz, nós nos encontramos com Deus, com todas as nossas graças e também com todas as nossas imperfeições. A "dadidade" não é mais um impedimento para conseguirmos intimidade com Deus, que nunca exigiu de nós perfeição. No dia de nossa consagração e, especialmente, de nossa consagração perpétua, dizemos à Igreja que vamos sinceramente tentar viver 100% de consagração, mas que, por enquanto, temos apenas 60% para dar a Deus. Nossa dadidade está nos impedindo de viver a consagração em uma forma mais perfeita. Entretanto prometemos caminhar para 100%. Eis o essencial que descobrimos de novo – *uma vida constante de conversão na vivência de nossa aliança de amor*. E, quando eles finalmente fecharem o caixão em cima de nós, ainda não estaremos capazes de viver 100%. Somente com o abraço apaixonante e salvador da Trindade, após a morte, viveremos 100%.

Então a espiritualidade *de baixo para cima* significa que nós, finalmente, largamos a meta de perfeição, em nossa vivência de consagração, e permitimos Deus entrar em nós e em nossa "dadidade", para nos amar e nos curar, a fim de nos ajudar a avançar de 60% para 61%; pois cada crescimento, na consagração, é um processo de morte e ressurreição e é um processo para viver em nossa santidade. Acolhemos nossas fraquezas e, ao invés de lamentarmos o passado, colocamos até nossa imperfeição em cada Eucaristia como *um dom a Deus*, pois esta é parte integral de nossa consagração. Nunca devemos sentir vergonha de expor nossas limitações ou até nossos pecados diante de Deus na oração contemplativa de intimidade mútua. Ele já nos conhece por profundo, em toda a nossa dadidade; e ainda nos ama. Só Deus é assim.

Isso certamente foi um avanço para muitos de nós religiosos. Assumimos o caminho de conversão, superando nossa dadidade, *com a graça de Deus*, não como fomos ensinados: conseguir essa perfeição sozinhos por mortificação, ascese ou autocondenação. Assumimos que Deus quer nos libertar, por isso damos licença para Deus entrar nas áreas feridas de nossa pessoa e personalidade imperfeita. Dialogamos com nossas paixões e enfermidades com Deus, ao invés de rejeitarmo-las. Buscamos entender o que Deus deseja nos dizer por meio de nossa dadidade e descobrir que, por meio de nossa imperfeição, Deus quer nos conduzir ao tesouro de graça e de íntima comunhão com Ele. Descobrimos, finalmente, que Deus está apaixonado por nós, consagrado e consagrada, apesar de nossas limitações e até nossos pecados. Deus nunca muda. Deus é sempre amor.

Um aspecto é a experiência de nossa própria incapacidade, se não orgulho, diante do projeto de santidade, em que podemos fazer o salto para acolher a *graça de Deus*. O centro de santidade é acolher que Deus age, e não nós; Deus quer e precisa de nossa cooperação. Finalmente, podemos ser lançados inteiramente nos braços amorosos e santificadores de Deus não por merecimento, mas pela fé. Percebemos que, usando nossas próprias forças, não podemos salvar a nós mesmos e que, no meio de nossas fraquezas humanas, podemos iniciar um relacionamento pessoal, amoroso e profundo com Deus. Podemos entender o sentido libertador da palavra graça e experimentarmos o amor incondicional de Deus. Na "dadidade", experimentamos nossa total fraqueza, e, nela, Deus quer nos tocar e nos mostrar que seu amor é graça e não exige de nós uma perfeição imediata. Podemos ficar no abraço amoroso de Deus, na contemplação, sem precisarmos parecer "perfeitos" diante dele.

> Para impedir que eu me exaltasse por causa da grandeza dessas revelações, foi-me dado um espinho na carne, um mensageiro de Satanás, para me atormentar. Três vezes roguei ao Senhor que o tirasse de mim. Mas ele me disse: "Minha graça é suficiente para você, pois o meu poder se aperfeiçoa na fraqueza". Portanto, eu me gloriarei ainda mais alegremente em minhas fraquezas, para que o poder de Cristo repouse em mim. Por isso, por amor de Cristo, regozijo-me nas fraquezas, nos insultos, nas necessidades, nas perseguições, nas angústias. Pois, quando sou fraco, é que sou forte (2Cor 12,7-10).

> A espiritualidade de baixo significa que nós buscamos a Deus exatamente em nossas paixões, em nossas enfermidades, em nossas feridas, em nossa impotência". Deus está lá. Só podemos encontrar o tesouro dentro de nós se descermos ao fundo de nossa torre onde experimento minha total fraqueza. (...) É aí que Deus quer me tocar e me mostrar que seu amor é graça (Anselmo Grün, *Espiritualidade a partir de si mesmo*).

Podemos apreciar essa nossa situação lendo a descrição de "dadidade" na própria vida de um grande santo, São Paulo. Ele descreve abertamente sua dadidade e sua espiritualidade *de baixo para cima* assim:

> Sabemos que a Lei é espiritual, mas eu sou humano e fraco, vendido como escravo ao pecado. Não consigo entender nem mesmo o que faço; pois não faço aquilo que eu quero, mas aquilo que mais detesto... assim, encontro em mim esta lei: querendo fazer o bem, acabo encontrando o mal. No meu íntimo, eu amo a lei de Deus, mas percebo em meus membros outra lei que luta contra a lei da minha razão e que me torna escravo da lei do pecado que está nos meus membros. Infeliz de mim! Quem me libertará deste corpo de morte? Sejam dadas graças a Deus por meio de Jesus Cristo nosso Senhor! (Rm 7,14-25).

Paulo descobriu que seus próprios esforços não o levariam à perfeição; isso foi uma prática dos fariseus que orientaram sua vida espiritual (de cima para baixo – perfeição) antes de sua conversão em Cristo. Ele descobriu o caminho de baixo para cima e que somente Cristo poderia o salvar. Todos nós podemos apreciar e aprender de Paulo que somos consagrados e imperfeitos, mas o amor de Deus nunca muda: "sejam dadas graças a Deus por meio de Jesus Cristo nosso Senhor".

4. Reescrevendo as constituições

Outro avanço foi o Concílio Vaticano II mandar todas as Ordens e Congregações reescreverem suas Constituições e seus Estatutos.

> Por isso, as constituições, os "diretórios, os livros de costumes, de orações, cerimônias etc., tudo seja revisto convenientemente e, pondo de lado as prescrições obsoletas, adaptem-se aos documentos deste sagrado Concílio" (Concílio Vaticano II, *Perfectae Caritatis*, n. 3).

Foi um momento de revitalização, renascimento da intenção original da vida consagrada e do próprio fundador e um convite para introduzir a Vida Religiosa no mundo moderno sem eliminar, nem diminuir a força, o espírito, o carisma e o profetismo de nossos Institutos. Cada Instituto Religioso teve de, seriamente, entrar em uma revisão de vida para reescrever suas novas constituições, baseadas no seguimento de Cristo e na experiência mística de seus fundadores. Cada Instituto foi convidado a pesquisar e reescrever, não uma vida ideal, mas uma vida mais crítica de seus fundadores, demonstrando a situação real no tempo da fundação e dos elementos fortes e santos deles, e também as fraquezas de seus santos fundadores (eles também tiveram "dadidade"). Foi um momento de honestidade para captar o começo carismático do Instituto e um chamado a ressuscitar o espírito do fundador, com nova roupa, segundo a realidade dos tempos atuais.

Voltamos a perceber que as Constituições não foram leis impostas, mas sim um "livro de vida" que nos guia para a santidade na Igreja e no mundo. Por isso, em muitos Institutos, o livro das Constituições é apresentado aos professos no dia de sua profissão religiosa. A Congregação ou Ordem, literalmente, está dizendo aos professos: "Viva essas normas e chegará à santidade como nosso fundador fez". O espírito do fundador está escrito em cada Constituição.

O avanço foi que as Constituições não são mais um livro de ideias ou leis quaisquer. Não é algo que se estuda no Noviciado e depois fica esquecido. Não é mais um livro de referência. Elas são caminhos concretos para vivermos, com fidelidade, nossa consagração e nosso carisma no mundo atual. São um guia espiritual para chegarmos até a profecia de consagração na Igreja e no mundo secularizado.

O reescrito das Constituições exigiu muitos momentos de oração, pesquisa; durante um tempo de experiências, foram constatadas as possíveis correções antes da aprovação de um Capítulo Geral e do Vaticano. As novas Constituições foram provisórias, pois existia um tempo forte de experiência antes de o documento final ser aceito e aprovado pela Santa Sé. Todos foram animados a participar e a viver essas novidades. Foram momentos de revisão séria; confrontamo-nos, muitas vezes, com regras antigas e costumes que não falavam mais para nós nem para nossos formandos deste mundo moderno. Com nossos estudos críticos, descobrimos que, muitas vezes, aquilo que foi dito a nós, na formação, sobre tal prática vir do fundador nunca veio deles; houve, com o tempo, alguns desvios da experiência mística e fundacional do fundador. Foi difícil perceber que agora precisávamos deixar isso ou aquilo, para buscar, de novo, a intenção original do fundador e dos primeiros membros da Congregação ou Ordem. Foi um momento também de libertação porque, no passado, foi exigido vivermos normas que foram puramente monásticas e impostas, que não combinavam com nossos Institutos apostólicos. Muitas práticas foram eliminadas, como sendo contra uma visão evangélica e saudável. Mais uma vez, o que mudou foram certas práticas, mas *o espírito evangélico* dos fundadores ficou escrito entre as linhas das novas Constituições, novas práticas e diretrizes.

> Reverte em bem da Igreja que os Institutos mantenham sua índole e função particular; por isso, sejam fielmente aceitos e guardados o espírito e as intenções dos fundadores bem como as sãs tradições, que constituem o patrimônio de cada Instituto (Concílio Vaticano II, *Perfectae Caritatis*, n. 2, b).

Ficou evidente, em nossas Assembleias e nossos Capítulos, que o conteúdo das novas Constituições teve de ser nosso guia e nossa inspiração sobre nossas decisões espirituais, comunitárias e apostólicas; e também que, dentro das novas

Constituições, a vida, o carisma e o espírito do fundador estavam presentes para nos consolar, para nos desafiar e nos questionar sobre nossa fidelidade na vivência dessas novas normas de vida consagrada. E tudo isso seria impossível conseguir e viver sem *a prioridade de espiritualidade* como deve estar descrita e motivada nas novas Constituições.

> Dado que a vida religiosa se ordena antes de tudo a que os seus sigam a Cristo e se unam a Deus, mediante a profissão dos conselhos evangélicos, deve pesar-se seriamente que as melhores adaptações às necessidades de nosso tempo não sortirão efeito, se não forem animadas da renovação espiritual, que sempre, mesmo na promoção das obras exteriores, deve ter a parte principal (Concílio Vaticano II, *Perfectae Caritatis*, op. cit. n. 2, e).

As novas Constituições não devem ser uma lei morta, nem uma obrigação legalista forçada. É algo vivo que nos introduz em um processo de reflexão e conversão contínuas. Elas *existem para ser uma fonte de contemplação e união com Cristo e com seu Reino*. São conteúdos que nos chamam para uma constante revisão de vida sobre nossa fidelidade em nossa identidade religiosa dentro da Igreja. Por isso, as novas Constituições podem ser criativamente introduzidas como fontes de oração comunitária, revisão de vida e busca sincera da vontade de Deus Pai, em circunstâncias concretas no Instituto geral e local.

Sabemos que nem sempre esse processo de refundar nossas Constituições foi um processo tranquilo. Alguns Institutos até se dividiram dizendo que as novas Constituições violaram a "intenção original do fundador", porque "sempre foi feito assim". Por isso, alguns optaram por ficar com as velhas Constituições, recusando a viver as novas aprovadas pelo Vaticano. Algumas Congregações ou Ordens buscaram a reconciliação nessa situação dolorosa, outras não, por isso até hoje existe uma triste divisão, em que cada uma acusa a outra de "infidelidade". Praticamente, hoje são duas Congregações ou Ordens diferentes usando o mesmo nome.

5. Inserção nos meios pobres

Houve outro avanço importante. Com as diretrizes de várias assembleias do CELAM, especialmente as de Medellín (1968), Puebla (1979) e Aparecida (2007), houve um apelo para a vida religiosa assumir a proposta de *mais inserção nos meios populares, especialmente com os mais pobres* em nosso continente, onde a maioria dos fiéis vive com necessidades espirituais e sociais.

> Opção preferencial pelos pobres. A abertura pastoral das obras e a opção preferencial pelos pobres é a tendência mais notável da vida religiosa latino-americana. De fato, os religiosos acham-se cada vez mais em zonas marginais e difíceis, nas missões entre indígenas, num trabalho humilde e silencioso. Esta opção não supõe exclusão de ninguém, mas, pelo contrário, uma preferência e aproximação do pobre (Documento de Puebla, n. 733).

Cada vez mais houve um apelo crescente, em nosso continente pobre, para que os religiosos procurassem viver *com* e *como os pobres* em prol de uma evangelização mais eficaz e profética. A vida e o testemunho sempre falam mais alto do que palavras ocas ou documentos. A novidade foi que muitas Congregações e Ordens deixaram de viver em suas comunidades grandes e optaram por formar comunidades inseridas exatamente no meio dos pobres. E essas comunidades inseridas tiveram menos membros e, certamente, menos "leis" e estruturas com relação às comunidades maiores. O avanço foi que formamos comunidades que exigiram mais participação de todos os membros na comunidade e, consequentemente, dos próprios pobres a que servimos. A obediência religiosa ficou mais participativa na busca e na execução da vontade de Deus. O avanço foi que essa situação causou mais responsabilidade pessoal e comunitária do que nas comunidades religiosas maiores. Foi uma profecia mais visível, exigindo muita conversão dos religiosos nessas comunidades, que viam de perto Cristo sofredor nos pobres e até nos miseráveis, sem dignidade humana e espiritual.

Houve, muitas vezes, uma fraternidade mais profética e libertadora nessas comunidades inseridas. O povo poderia ver de perto como os membros da comunidade religiosa "viviam e eram um só coração e uma só alma (...) e ninguém dizia que coisa alguma do que possuía era sua própria, mas todas as coisas lhes eram comuns (...) E não havia, pois, entre eles necessitado algum" (At 4,32-34).

Os religiosos inseridos tiveram de fazer seus discernimentos a partir da situação da pobreza física e espiritual do povo que os cercavam. Não somente foi uma questão de evangelizar, mas também de *ser evangelizados pelos próprios pobres*, que nos ensinaram uma fé forte e evangélica até no meio de tanta miséria e desespero.

Sem dúvida, outro avanço foi o fato de os religiosos inseridos terem de viver uma maior simplicidade de vida. A pobreza *de fato* tornou-se uma realidade que eles assumiram com alegria. Não houve tantos confortos e seguranças, experimentados nas comunidades maiores. Isso exigiu a própria experiência da *Encarnação de Jesus*, pois eles precisavam "descer", "aniquilar-se", "esvaziar-se" em favor dos pobres (Fl 2,6-11). Eles ficaram pobres por opção de vida e por amor a Deus e aos pobres. Foi um apelo para ser um com os pobres, o que exigiu uma mudança radical de vivência de pobreza material, eventualmente, e, mais importante, pobreza espiritual na continuação profética de Jesus pobre entre os pobres.

E, finalmente, o serviço aos pobres nos ensinou muito sobre o que o voto da castidade realmente significou. Na inserção, os religiosos perceberam o sentido essencial e evangélico de *doar-nos por amor*, muitas vezes, sem nenhum sinal de reconhecimento. Foi uma profecia e continuação do amor de Deus a seu povo. Doar-se sem buscar recompensas mostrou profeticamente o rosto amoroso de Deus para esse povo tão sofrido.

> Em comunhão com os Pastores, os consagrados e as consagradas são chamados a fazer de seus lugares de presença, de sua vida fraterna em comunhão e de suas obras, lugares de anúncio explícito do Evangelho, principalmente aos mais pobres, como tem sido em nosso continente desde o início da evangelização (Doc. Aparecida, n. 217).

6. Profissionalismo nas congregações

Outro avanço foi a questão do profissionalismo introduzido na vida consagrada e, especialmente, nas Congregações e Ordens femininas. O importante foi o sério discernimento sobre se o estudo do assunto profissionalizante tocaria e ajudaria, de uma maneira ou outra, a vivência do carisma fundacional da Congregação ou Ordem e a vida comunitária.

> A este respeito recordamos aos religiosos a necessidade de: insistirem em uma séria formação espiritual, teológica, profunda e continuada, harmonizada com o cultivo e apreciação dos valores humanos (Doc. Medellín, n. 1, B, 3).

Especialmente depois do Concílio Vaticano II, os consagrados estudaram em nossas Universidades e se formaram com diplomas de mestrados e até de doutorados. Os religiosos tornaram-se bons profissionais em suas áreas. Ajudaram não somente em suas próprias Congregações e Ordens, como, por meio dos núcleos da CRB, também ajudaram outras Congregações e Ordens com menos possibilidades profissionais (Novinter/Juninter).

Os religiosos estudaram principalmente as ciências humanas e teológicas. Muitos se formaram como psicólogos. Alguns se formaram com a ciência da administração e da economia. Outros, segundo os ramos de seus carismas, como enfermeiros profissionais. As religiosas também fizeram cursos em teologia e enriqueceram nossas reflexões teológicas com sua visão feminina. Foram elementos importantes que ajudaram as equipes de formação de futuros irmãos em suas Congregações e Ordens. Foram pessoas que poderiam ajudar muito também na eficiência dos apostolados e carismas em suas Congregações e Ordens.

O avanço foi exatamente que os ramos profissionais permitiram que pudessem começar a questionar, como válidas, certas estruturas na vida religiosa, ultrapassadas e que não falavam mais para os consagrados. Esse profissionalismo abriu algumas portas tão fechadas por séculos. Finalmente se poderia tratar, abertamente, de assuntos, como sexualidade, sendo algo bonito, que reflete o próprio Criador. Puderam tratar de assuntos sobre gênero, feminilidade e masculinidade, que foram "tabus" e silenciosos, especialmente durante a formação inicial e permanente. Começaram a falar das manifestações de sua sexualidade como algo normal e como agir com calma diante delas. Houve uma grande libertação sobre esses assuntos que ajudaram os religiosos a assumir com alegria esses assuntos tão importantes no desenvolvimento humano e espiritual.

Abriu-se também, depois do Concílio Vaticano II, outra porta, com a possibilidade para o acompanhamento psicológico que, infelizmente no passado recente, ainda foi considerado "somente para os loucos". Finalmente, houve um canal para falar dos complexos, das dificuldades e tendências humanas e buscar caminhos de cura e libertação. Não precisa de tempo extenso nessa ajuda profissional, mas, ao menos, deve ter algum momento de orientação psicológica, durante o tempo de formação inicial, para ajudar os candidatos a conhecerem-se e acolherem-se melhor e a buscarem caminhos de cura interior que um profissional (psicólogo) possa oferecer.

Começou até a cultura sadia do corpo, com exames médicos periódicos, que foram negligenciados no passado. Até religiosos começaram o uso de academias para manter melhor sua saúde, pois, muitas vezes, tinham uma vida sedentária. As Congregações e Ordens abriram possibilidades de fazer cursos fora de sua própria estrutura para enriquecer seus membros com novas visões e ideias. Começou a possibilidade de fazer seu retiro anual fora do ambiente da própria Congregação e segundo as necessidades pessoais de cada consagrado.

Enfim, foi descoberto que o lazer também é uma parte essencial da vida consagrada e é necessário buscá-lo para sair do ativismo exagerado. O lazer não foi mais taxado como "pecado da preguiça". Aconteceu, como o próprio Concílio Vaticano II foi descrito, como "uma janela aberta", e essa janela, que foi fechada por muito tempo aos religiosos, finalmente foi aberta, e novos ares libertadores entraram.

Essa abertura para profissionalismo ajudou as Congregações e Ordens a questionar com mais abertura, honestidade e tranquilidade sua "saúde espiritual, humana e apostólica" em suas assembleias e seus capítulos provinciais e gerais. Os profissionais ajudaram e orientaram para se entender melhor a situação não só religiosa, como também humana. Houve a compreensão de que não existe uma distância entre o sagrado, o humano e o profano. Formou-se, finalmente, nos consagrados uma humanidade e uma unidade santa e sadia.

7. Corresponsabilidade na obediência

Outro avanço foi a prática da obediência religiosa, que, de fato, não foi um conceito novo, mas a recuperação do que foi esquecido por vários séculos. Voltando a buscar o verdadeiro sentido teológico desse voto, redescobrimos fontes teológicas sepultadas por muito tempo, porque nós frisamos, por séculos mais, a "lei" e não o "espírito" da obediência evangélica.

Por muito tempo o que predominou na vida religiosa, a respeito do voto da obediência, foi "o modelo da pirâmide". Isso foi um modelo *de poder* nas mãos dos superiores provinciais e locais. Foi ensinado, no noviciado, sobre a obediência, em que o superior ficou em cima da "pirâmide" e, *por ofício, foi o único intérprete da vontade de Deus*. Foi ensinado que, quando *"o Superior falava, Deus falava"*. Houve então um monopólio da interpretação da vontade de Deus nas mãos somente dos superiores. Foi ensinado que duvidar das decisões unilaterais do superior ou questioná-las era um "pecado contra o voto da obediência". E, nesse modelo, o mal não foi somente dos superiores. Foi tranquilo e infantil deixar o conteúdo da vontade de Deus nas mãos deles, pois, se houvesse qualquer fracasso, o religioso ficaria livre de qualquer responsabilidade porque *só o Superior seria responsável*.

O avanço veio depois do Concílio Vaticano II. Com a ajuda de nossos profissionais, nas Congregações e Ordens, dos documentos da CLAR e da CRB, percebeu-se que esse modelo de pirâmide foi contra todo o sentido evangélico da obediência. Depois do Concílio Vaticano II, as mudanças apareceram e nos ajudaram a entender melhor o verdadeiro sentido da prática da obediência evangélica. Mas não foi fácil derrubar velhas estruturas, porque assim os superiores perderiam seu monopólio e o poder sobre o conteúdo do voto da obediência. Sempre é difícil derrubar uma estrutura de monopólio para procurar algo mais evangélico (exemplo da resistência dos fariseus no Evangelho contra os novos modelos pregados por Jesus).

Finalmente, foram introduzidas, na vida consagrada, as ciências humanas, como a psicologia, a antropologia e a sociologia, que declararam que os conceitos de nossa obediência, segundo os velhos modelos, eram infantis. Começamos também a questionar a própria vulnerabilidade e limitações dos superiores provinciais e locais, que poderiam, fácil e humanamente, errar na interpretação unilateral da vontade de Deus em nossa vida. Em primeiro lugar, foi questionado e, eventualmente, abandonado como infantil o conceito da "obediência cega", isto é, "o Superior falou, Deus falou".

Outro avanço foi saber qual, exatamente, é o papel do superior, na Congregação/Ordem, e, especialmente, o papel dos superiores locais. Descobrindo de novo a teologia da obediência, vimos que o papel do superior era ser mais um pastor ou guia espiritual de seus coirmãos na comunidade e não uma figura autoritária. O papel do superior local era para incentivar os membros da comunidade a participar, ativamente, da busca e da execução da vontade de Deus Pai na vida de todos na comunidade. O superior agora era alguém que devia levar a comunidade a rezar, não só a oração comunitária, mas, sobretudo, ajudar todos a manter um relacionamento íntimo com Deus pela oração pessoal, dando espaço, no ativismo, para isso acontecer. E, finalmente, um superior era um coirmão a promover a coragem e a esperança nas dificuldades e dúvidas, a fim de animar seus irmãos a assumir a cruz na busca da vontade do Pai. Todo esse perfil novo mudou, radicalmente, o relacionamento entre superiores e coirmãos. Foi um desafio promover mais amizade do que autoridade.

E assim foi introduzido o novo, ou melhor, redescoberto o conceito animador da *corresponsabilidade* na busca e na execução da vontade de Deus Pai nas decisões comunitárias e individuais de todos os membros da comunidade. Acabou o monopólio sobre o discernimento e a execução da vontade do Pai nas mãos somente do superior. Agora *todos os membros* de uma comunidade são corresponsáveis na busca e na execução da vontade do Pai. A obediência agora, especificamente, significa a busca de comunhão de todos com a vontade de Deus, encontrada *comunitariamente sob a direção de uma autoridade, isto é, um superior local ou provincial.*

Esse avanço, aceito e praticado, foi uma libertação profunda na vida consagrada; todos são corresponsáveis. Isso causou um profundo diálogo, uma busca comum, uma oração e um estudo, para poder descobrir o querer do Pai, nas circunstâncias concretas da vida comunitária e no exercício do carisma no apostolado. Os assuntos importantes que tocavam na vontade de Deus e na obediência religiosa foram abertamente colocados em nossas Assembleias e nossos Capítulos provinciais. O dever do superior provincial e local era assegurar que o conteúdo das decisões fosse em sintonia com as Constituições da Congregação ou Ordem e as decisões dos Capítulos provinciais. Todos tiveram uma chance de vocalizar o que pensavam ser a vontade de Deus sobre isso ou aquilo. Houve, em geral, uma atmosfera mais honesta de escutar nossos coirmãos, até os mais humildes, sem julgar e condenar a opinião dos outros. Aprendemos que a busca de conhecer a vontade de Deus começa com a caridade e a fraternidade.

Descobrimos que precisávamos escutar o outro como uma possível voz do Espírito Santo, sem necessariamente concordar com a opinião dos outros; o novo foi que precisávamos *cultivar respeito mútuo*. O Espírito de Jesus fala também para os coirmãos. Em cada um, o Espírito fala de uma maneira limitada, adaptando-se a essas limitações. Portanto, o religioso recebe sua própria inspiração, segundo a maneira de deixar o Espírito Santo iluminá-lo e de aprofundar sua percepção limitada. Assim há a possibilidade de se abrir aos outros *igualmente inspirados pelo Espírito*. Essa revelação aconteceu quando os religiosos ficaram, verdadeiramente, abertos e escutaram a pessoa de Jesus, presente em cada membro da comunidade de maneira única. A aceitação humilde de que o Senhor não é a propriedade exclusiva de qualquer um, mas que Ele está em todos, ajudou-nos a escutar com respeito uns aos outros.

> Escutar significa acolher o outro incondicionalmente, dar-lhe espaço no próprio coração. A escuta transmite, por

isso, afeto e compreensão, diz que o outro é apreciado e que sua presença e seu parecer são levados em consideração ("O Serviço da Autoridade e a Obediência", Congregação de Vida Consagrada, 2008).

Portanto, a *desobediência* agora é entendida como a má vontade para não escutar a comunidade quando ela não promove meus planos egocêntricos e interessados. Tal atitude fecha a possibilidade de promover a corresponsabilidade e até causa divisões.

8. Consultas prévias

Esse avanço de corresponsabilidade na obediência foi a prática agora de *consultas prévias* do governo provincial ou local com os membros religiosos. Antigamente, acontecia que o religioso descobria sua transferência somente pelo correio, sem nenhuma consulta prévia. Isso causou, muitas vezes, um sentimento de desrespeito, senão, revolta no religioso. Alguns carregaram, por muito tempo, um sentimento forte de raiva sobre essa situação. A transferência ou outros assuntos foram então uma obediência forçada, que não ajudou ninguém a viver sua consagração.

Começou, então, em muitas Congregações e Ordens, o governo provincial mandar ou o provincial ou um membro de seu Conselho falar com o indivíduo envolvido em uma possível transferência ou em outras questões, que tocavam na obediência. Foi um momento de confronto pacífico, em que houve uma *busca a dois* para descobrir a vontade de Deus para esse indivíduo. O governo poderia expressar uma necessidade da Província de que o indivíduo foi convidado a acolher um espírito livre de obediência. E o indivíduo teve a chance de expressar o que ele pensou ser o que Deus queria, como ficar no mesmo lugar. Os dois lados foram convidados a escutar e buscar a vontade de Deus nesse momento, em um espírito de oração sincera. Isso criou uma atmosfera de fraternidade e respeito, que possibilitou o livre ato da obediência, ao determinar o Conselho Provincial, após escutar tudo que o religioso queria comunicar, se a transferência seria ou não confirmada. O consagrado poderia acolher a *decisão participada* com mais paz e tranquilidade, como uma manifestação da vontade de Deus.

Incluída aqui foi a situação dolorosa de um Conselho Provincial diante dos problemas pessoais de seus confrades ou suas coirmãs. Tais problemas, como dependências com alcoolismo, abusos sexuais e pedofilia, seriam alguns exemplos. Também pessoas com doenças psicológicas, nunca resolvidas ou tratadas, fizeram a vida comunitária um inferno para si mesmas e pior para todos. Antigamente, o governo provincial simplesmente tentava esconder o problema desses religiosos, transferindo-os frequentemente. Nunca houve confrontos sérios desses problemas humanos, buscando ajuda profissional. E o problema continuou, porque simplesmente foi transferido para o novo lugar. E essa situação tocou muito na questão de obediência responsável e corresponsabilidade na consagração e também no bom nome da Congregação ou da Ordem.

Então outro avanço foi haver um confronto sério com os irmãos que carregavam esses problemas, ser oferecida para eles uma ajuda profissional ou uma estadia em lugares próprios de recuperação, onde poderiam enfrentar o problema com mais paz e orientação profissional. Muitos irmãos hoje são "curados", não tanto da dependência, que sempre fica ("só por hoje"), mas por assumirem-na e buscarem constantemente a sobriedade com a ajuda de seus coirmãos. Foi uma libertação fantástica e o começo de uma vida nova e responsável na consagração religiosa.

9. Cooperação intercongregacional

Outro avanço foi o fenômeno da *cooperação intercongregacional*. Sempre houve essa dúvida: como pode dar certo viverem juntos vários religiosos com carismas congregacionais e espiritualidades diferentes? Há sinais fantásticos, na Igreja, que revelam que foi e é possível. Especialmente em áreas mais pobres, algumas congregações mistas forneceram alguns de seus membros para assumirem o projeto de trabalhar juntos, vivendo sua fraternidade e seus carismas diferentes na mesma comunidade religiosa. Quebraram certo tabu de que congregações somente poderiam viver e trabalhar com os coirmãos da mesma Congregação ou Ordem. Esse fenômeno permitiu acesso para partilhar certos dons profissionais que uma congregação não teve em seu carisma e que agora foi complementado graças ao carisma de alguém de outra Congregação ou Ordem. Foi uma mistura fina de dons e carismas trabalhando juntos pelo Reino e a serviço dos mais pobres. Foi literalmente *uma profecia da fraternidade evangélica*. Houve uma partilha não só de trabalhos ou apostolados, mas também das espiritualidades carismáticas de cada Congregação ou Ordem participante. Foi uma riqueza espiritual muito grande. A partilha de dons, carismas e espiritualidades fez milagres.

Esse fenômeno não somente aconteceu nacionalmente, mas estendeu-se internacionalmente, especialmente em terras missionárias.

> Permanecem sempre atuais as palavras de S. Bernardo, a propósito das várias Ordens religiosas: "Eu admiro-as todas. Pela observância sou membro de uma delas, mas pela caridade pertenço a todas. Todos temos necessidade uns dos outros: o bem espiritual que não tenho nem possuo, recebo-o dos outros" (Doc. Vita Consecrata, n. 52).

Quatros Irmãs de Congregações diferentes, vivendo em comunidade, na missão em Moçambique, África, descreveram sua experiência assim:

> Tecida de palhas de palmeira, a esteira é um objeto muito utilizado pelos Africanos, torna-se o "chão" de sua vida. A esteira é parecida com a experiência que vivenciamos aqui. Nossa vida é tecida com os dons e a identidade de cada uma de nós. Entrelaçada com os fios da Espiritualidade e do Carisma de nossas Congregações. Costurada com a mística, o diálogo e o testemunho, fundamentados na Palavra de Deus que nutre nossa vida, proporcionam esperança e luz na comunidade que faz refletir as matrizes do colorido do povo moçambicano (Convergência, Setembro, 2018, p. 25).

O projeto da intercongregacionalidade foi até agora um fenômeno limitado e não houve grandes esforços para promover e aumentar essa possibilidade profética. Talvez o tabu ainda exista da impossibilidade de participação de outras Congregações ou Ordens. Mas, no futuro, especialmente com menos vocacionados, esse projeto de intercongregacionalidade poderia expandir e ajudar na construção do Reino.

10. Aumento de vocações contemplativas

Outro sinal de avanço foi o aumento das vocações para a vida contemplativa seja masculina ou feminina. Muitas Ordens contemplativas registraram um aumento de membros nessa vocação específica na Igreja. Isso certamente foi um passo profético no mundo todo e, especialmente, na América Latina. A vida contemplativa é uma profecia toda especial para os próprios religiosos de Congregações apostólicas. Todos os documentos do CELAM trataram dessa vocação específica na Igreja da América Latina.

> De maneira especial, a América Latina e o Caribe necessitam da vida testemunha de que somente Deus basta para preencher a vida de sentido de alegria (...) Em um mundo que continua perdendo o sentido do Divino, sejam testemunhas do Senhor para o mundo de hoje, infundam com sua oração um novo sopro de vida na Igreja e no homem atual divino, diante da supervalorização do material, vocês, queridas religiosas, comprometidas desde seus claustros a serem testemunhas dos valores pelos quais vivem (Papa João Paulo II, Discurso às Religiosas de Clausura na catedral de Guadalajara, México, 30 de janeiro de 1979).

E no documento de Medellín:

> O testemunho do mundo futuro se manifesta de modo especial na vida religiosa contemplativa que é uma mediação e uma presença do mistério de Deus no mundo. A ela corresponde um grande papel, especialmente na situação latino-americana, já que, com sua vida de fé e abnegação, os contemplativos convidam a uma visão mais cristã do homem e do mundo (Doc. Medellín, XII – Religiosos, n. 1).

O documento de Puebla:

> As comunidades contemplativas são como o coração da vida religiosa. A todos animam e estimulam para que intensifiquem o significado transcendente da vida cristã. Elas mesmas também são evangelizadoras, pois "o ser contemplativo não supõe cortar radicalmente com o mundo, com o apostolado. A contemplativa deve encontrar seu modo específico de dilatar o Reino de Deus" (Doc. *Puebla*, n. 738 e João Paulo II, Alocução às Religiosas de Guadalajara, 2 – AAS, LXXI, p. 226).

E finalmente o mais recente documento de Aparecida:

> De singular fecundidade evangelizadora e missionária é a vida contemplativa; ela dá testemunho com toda a sua vida da primazia do absoluto de Deus. Com alegria constatamos o aumento de suas vocações e o envio a outros países... (Doc. *Aparecida*, n. 86).

O que esses documentos frisaram foi o *aspecto profético* dessa vocação contemplativa, em um mundo materialista, que tenta apagar o Sagrado, a opção por uma vida mais intensa de amor a Deus e ao próximo, sem ser seduzido pelos valores negativos da pós-modernidade. A vocação contemplativa, masculina e feminina, tem um valor profético importantíssimo em nosso continente, como foi declarado em todos esses documentos do CELAM, por haver um aumento dessa vocação específica na Igreja e pelo fato de atrair jovens a buscarem esse modelo da vida consagrada.

11. Participação dos leigos

Outro avanço na vida religiosa foi a participação ativa de leigos e leigas nas diversas Congregações e Ordens. Antes do Concílio Vaticano II, a vida e a espiritualidade de nossas Congregações e Ordens estavam fechadas dentro de nossos conventos. O Concílio Vaticano II recomendou abrirmos nossos conventos para que os leigos pudessem participar de nossa vida, para que pudéssemos ser mais proféticos. Participar principalmente em nossa *espiritualidade congregacional*. Nós começamos a perceber que a riqueza espiritual que nossos fundadores nos deixaram não pertence somente aos membros da Congregação ou Ordem, é um dom dado pelo Espírito Santo *para o bem de toda a Igreja*. Os leigos então foram convidados a rezar, fazer retiros e fazer formação permanente conosco. Isso foi um grande avanço nas Congregações/Ordens e também na Igreja. Nossos carismas duplamente enriqueceram a Igreja.

E, em uma segunda etapa, os religiosos convidaram os leigos a participar até na vivência de *seu carisma e suas* ações apostólicas. Formamos "equipes apostólicas" de religiosos e leigos, trabalhando juntos na missão. Os leigos tiveram muito a nos oferecer com seu melhor conhecimento sobre a realidade do mundo. Sua contribuição para o conteúdo da missão foi muita rica e fez nossas pregações mais eficazes.

Mais uma vez há uma diferença notável de participação dos leigos em nossas Congregações e Ordens. Algumas Congregações e Ordens limitaram a participação dos leigos somente para participação na parte espiritual. Outras avançaram convidando os leigos para participar ativamente do exercício apostólico do carisma da Congregação ou Ordem. E outras Congregações e Ordens infelizmente ainda não abriram as portas para a participação dos leigos nem em sua espiritualidade, nem em sua missão.

> Os leigos também são chamados a participar na ação pastoral da Igreja, primeiro com o testemunho de vida e, em segundo lugar, com ações no campo da evangelização, da vida litúrgica e outras formas de apostolado, segundo as necessidades locais sob a guia de seus pastores. Estes estarão dispostos a abrir para eles espaços de participação e confiar-lhes ministérios e responsabilidades em uma Igreja onde todos vivam de maneira responsável seu compromisso cristão (Doc. Aparecida, n. 211).

A última apresentação sobre o Decreto *Perfectae Caritatis* foi assessorada por Ir. Vilma Moreira. Segundo Ir. Vilma, o grande avanço do Vaticano II foi o reconhecimento do leigo e de seu papel na Igreja. Hoje o grande chamado é o descentrar, não fazer sozinhos o que podemos fazer com outros. Para a Irmã Vilma, a importância dos leigos na missão religiosa, cujo papel vem alargando os espaços da tenda, deve ser reconhecida. "Eles não são apenas trabalhadores e ajudantes, mas pessoas que compartilham a missão junto com os religiosos na Igreja", explicou. Para Irmã Vilma, os religiosos têm um modo de viver a missão religiosa e os leigos têm outro, mas eles vão juntos e "bebem da mesma fonte", cada qual de seu jeito. "Assim, eles não se complementam, mas se enriquecem dentro dessa rica reciprocidade", concluiu a religiosa (União Marista do Brasil, *Vida Religiosa e Leigos,* http://www.umbrasil.org.br).

Com a falta de vocações em muitas Congregações e Ordens, talvez seja o momento, em nossos Capítulos gerais e provinciais, de examinar a possibilidade de mais participação dos leigos comprometidos em nossa vida espiritual e apostólica.

12. Maior participação nos núcleos da CRB

Outro avanço foi a mais ativa atuação e os esforços dos núcleos da CRB, pois as diretorias não somente tentaram tocar na vida concreta dos religiosos em suas regiões, como também promoveram maior participação dos religiosos nos programas fornecidos pela CRB nacional e regional.

Talvez o maior sinal dessa atuação importante fosse a ajuda da CRB na formação inicial de futuros religiosos ou na formação permanente dos professos juniores.

Essa ajuda foi oferecida por meio dos programas do Postulantado, Noviciado Intercongregacional e Juninter. Isso foi uma ajuda incalculável em favor das pequenas congregações sem possibilidade de fornecer recursos de uma adequada formação intelectual, teológica, espiritual e psicológica a seus candidatos vocacionados. As Congregações e Ordens mais tradicionais também participaram dessa ajuda fornecida pela CRB. Foi uma fonte importante para esclarecer que a formação para a vida religiosa não terminou no Noviciado.

Igualmente notável foi a participação e a generosidade dos peritos e profissionais de muitas Congregações e Ordens, assumindo esse dever tão importante de formação permanente nos vários programas. Muitas vezes, os cursos apresentaram os melhores conteúdos possíveis para os formandos.

Outro avanço, especialmente para os religiosos clérigos em filosofia ou teologia, foi o fato de que os formandos, finalmente, assumiram que o noviciado não foi o fim de sua formação da vida religiosa e que todos precisavam de formação permanente no ser e no agir dessa vida consagrada, além do que aprenderam no Noviciado. O Juninter foi uma fonte de questionamentos necessários que levaram os juniores para a conversão contínua em sua vida consagrada. Nele, os conteúdos não foram mais algo intelectual, mas baseados na vivência atual de consagração, com os dois pés no chão. Foi também uma fonte de consolo descobrir que quase todos estavam passando pelos mesmos crescimentos e enfrentando os mesmos problemas, ao procurarem maior fidelidade na consagração. Mas, infelizmente, algumas Congregações clericais não participaram do Juninter, pensando que o foco estava somente no sacerdócio, por isso não precisavam dessa ajuda valorosa. Uma pena!

Na linha de formação contínua, um avanço também foi os esforços da CLAR e da CRB Nacional nas publicações de artigos, que chamaram os religiosos de todas as idades a refletir e rezar sobre sua vocação específica na Igreja. Aqui no Brasil temos o exemplo da revista *Convergência*. Outras Congregações e Ordens colocaram seus estudos e reflexões particulares nas publicações e redes sociais para o benefício de todos. A partilha sobre assuntos que tocam a vivência da vida consagrada certamente foi um grande sinal de avanço.

13. Maior participação nas dioceses locais

Outro avanço certamente foi o entrosamento das Congregações e Ordens com as Dioceses locais. Por muito tempo, muitas Congregações clericais não participaram tanto das reuniões do Clero nem das várias atividades e orientações pastorais das Dioceses fora de seus próprios trabalhos congregacionais. Pensaram, até orgulhosamente, que foram isentos de qualquer participação.

Finalmente, foi percebida a necessidade de participação e ajuda mútua em todos os aspectos da Diocese. Houve uma troca de partilha rica, em que, muitas vezes, o carisma das Ordens e Congregações poderiam esclarecer, ajudar nos discernimentos e planejamentos da Diocese. E vice-versa, a Diocese poderia enriquecer o entendimento e a prática dos carismas religiosos. Essa colaboração mútua foi animada em todos os documentos da CELAM depois do Concílio Vaticano II.

> Tendo em conta a constituição divina hierárquica da Igreja, este estado (religioso) não é intermédio entre o estado dos clérigos e o de ambos estes estados são chamados por Deus alguns cristãos a usufruírem um dom especial na vida da Igreja e, cada um a seu modo, a ajudarem sua missão salvadora (Vat II, Doc. *Lumen Gentium*, n. 43).

> A vida consagrada oferece uma grande força para a evangelização da AL. Tem vivido um bom período tentando definir sua identidade e seu carisma, reinterpretando-o no contexto das novas necessidades e de sua inserção no conjunto da pastoral diocesana (Doc. Puebla, Vida Consagrada).

> O amor fraternal a todos os membros do Corpo místico terá que nascer da "vida escondida com Cristo em Deus" e há de ser a fonte de todo apostolado (PC 6), e o apostolado terá que conduzir à unidade da caridade (PO 9). Para os religiosos de vida ativa a ação apostólica não pode ser considerada como algo secundário; muito ao contrário, ela integra a própria natureza da vida religiosa; "toda a vida religiosa de seus membros há de estar saturada do espírito apostólico, e toda a ação apostólica formada do espírito religioso" (PC 8; LG 44) (Doc. Medellín, Participação, n. 1).

Outro avanço foi que os Bispos começaram a respeitar mais o carisma fundacional e original das Ordens e Congregações; isso nem sempre aconteceu. Houve mais

diálogo e respeito mútuo entre as necessidades da Diocese e o carisma dos religiosos.

Apresentamos treze indicações de avanços na Vida Religiosa, especialmente aqui no Brasil. Sem dúvida, há outros que podemos colocar nessa lista. Espero que essas nos ajudem a perceber, com alegria, que fazemos parte desses avanços que foram apelos do Espírito Santo, por meio do Concílio Vaticano II, os Documentos do CELAM e as inspirações da CLAR e da CRB. O grande desafio é introduzir melhor os benefícios desses avanços e desenvolvê-los primeiro com nossos formandos e depois nos projetos de formação permanente em nossas Congregações e Ordens. Que haja sempre essa abertura para acolher e colocar em prática as inspirações do Espírito Santo.

Perguntas para partilha comunitária

1. Qual desses avanços mais tocou sua vida pessoal, comunitária e consagrada? Poderia partilhar isso com os outros?

2. Você sente que precisamos redescobrir o encantamento com a pessoa de Jesus por meio da oração pessoal? Como fazer isso?

3. O que a *espiritualidade de baixo para cima* falou a seu coração? Abriu a possibilidade de falar de suas limitações e até pecados com Deus sem medo? Você se sente amado por Deus?

4. Você acolhe suas novas Constituições como lei fria ou como um verdadeiro guia espiritual de vida? Como

podemos fazer das Constituições uma fonte de oração e guia na comunidade?

5. Você sente que o novo conceito de corresponsabilidade na obediência foi introduzido em sua Congregação ou Ordem e comunidade local? Será que não precisamos de formação permanente sobre esse assunto?

6. O apelo de "opção pelos pobres" se realizou em sua Congregação ou Ordem e carisma fundacional?

7. Sua Congregação ou Ordem promoveu entrosamento entre os leigos em sua espiritualidade e missão? Como?

2 OS RETROCESSOS NA VIDA CONSAGRADA

Iniciamos este capítulo com uma realidade dolorosa, mas verdadeira. Nós, consagrados, somos santos, *mas também somos pecadores*. Nem sempre vivemos, com profecia (algo visível e vivencial), nossa vocação batismal, nem sempre vivemos de uma forma intensa o ser da vida consagrada, nem vivemos com autenticidade todos os avanços que vimos no primeiro capítulo. Neste capítulo apresentamos os retrocessos com a esperança de que possamos entrar em nosso coração e buscar a conversão e a libertação, individual e comunitariamente.

A profecia na Igreja e no mundo tem de ser vista e praticada, para comunicar a mensagem evangélica ao mundo, que tenta, cada vez mais, apagar *o Sagrado* para justificar sua vida imoral e sem compromissos. Se falharmos nesse anúncio e nessa denúncia proféticos, seremos infiéis a nossa vocação na Igreja e no mundo. Os Padres do Deserto sempre disseram que a vida religiosa é profeticamente a *memória da Igreja,* isto é, que nós, por vocação e profissão pública, prometemos viver, de forma mais intensa, o que todos os batizados devem viver: o amor a Deus e o amor ao próximo. Devemos servir como sal e luz para o resto da Igreja. Não como os fariseus no tempo de Cristo, os quais queriam ser somente vistos e elogiados, mas como aqueles que vivem, profeticamente, o que nossa consagração significa. Somos de Deus e vivemos por Deus.

Segundo os Padres do Deserto também somos os *guardiões dos princípios evangélicos,* isto é, assumimos, corajosamente, o dever de denunciar, até o martírio, os princípios que estão contra o Evangelho, de ter a coragem para confrontar tudo que ofende a dignidade batismal dos filhos amados de Deus. E como podemos ser profetas e profetisas se falta a própria vivência desses princípios em nossa consagração a Deus e na vivência dos conselhos evangélicos em nossa vida? Seríamos profetas e profetisas ocos. Seríamos novos fariseus, falsos profetas, vivendo a lei exteriormente, sem ter, por dentro, o amor que dá vida à lei.

1. A vida religiosa em crise

Alguns não gostam dessa palavra "crise" e preferem a palavra "fase". "Estamos passando somente uma fase." Mas essa palavra "fase" engana e muito. É uma crise mesmo, que os estudos sérios provam. A crise aqui se refere à realidade de que nós, religiosos, esquecemo-nos de nossa identidade na Igreja, como foi descrito no documento *Lumen Gentium,* no Concílio Vaticano II, capítulo seis. Nós temos uma identidade específica nessa Igreja. Somos consagrados e começamos a nos esquecer dessa identidade, um sinal concreto de crise, que certamente não é uma "fase". Não saber ou viver o que somos nessa Igreja é o pior tipo de crise possível. Padre Hostie, SJ, em seu livro "A Vida e a Morte das Congregações" (1967), estudou as

Congregações e Ordens masculinas, desde o século quatro, no início da vida consagrada, como um movimento popular na Igreja. O resultado de seus estudos chocou a vida religiosa no mundo inteiro. Das Congregações ou Ordens masculinas, fundadas antes de 1800, *76% não existem mais*. Pior, as Congregações ou Ordens masculinas, fundadas depois de 1800, *64% não existem mais*. Outro estudo foi feito por Irmão Laurence Cada, MS, com uma equipe de sociólogos da Universidade de São Luís, nos Estados Unidos, e ele inclui Congregações e Ordens masculinas e femininas: "Refundação: Reformulando a Futura Idade da Vida Religiosa" (1979). Os resultados combinaram com os de Pe. Hostie, afirmando que, desde o século quatro, entre 65% e 75% de todas as Ordens ou Congregações *não existem mais*! A grande maioria dessas Congregações ou Ordens entrou em crise de identidade de sua vocação de consagração e, em vez de entrar na conversão, para refundar ou reanimar a intenção original do fundador, morreu por falta de vocações. Os candidatos para tais Congregações ou Ordens perceberam a grande distância entre o discurso dos religiosos e a falta da vivência desse mesmo discurso nos próprios congregados e optaram por não entrar nesse grupo como vocacionados. A Congregação ou Ordem então logo morreu por falta de vocações.

Pe. Hostie descreveu o andamento da história de uma Ordem ou Congregação. A Congregação começava com uma "experiência mística" do fundador. Ao redor dessa experiência, o fundador com o grupo original construíam uma espiritualidade, um estilo de viver a fraternidade e um serviço específico na Igreja e no mundo (carisma). Depois de um tempo, havia um crescimento notável de vocacionados que queriam viver essa novidade na Igreja. Mas, com tempo, introduzia na Congregação ou Ordem um período de *acomodação*. A Congregação ou Ordem começava a se esquecer do começo carismático; isso causou uma perda do profetismo. Existiu uma insatisfação no grupo em geral, porque a infidelidade ao começo carismático foi sentida. Era o momento de voltar a animar o começo carismático do fundador; mas, sem um movimento de refundação, a Congregação ou Ordem caiu no período de *crise*. Isso foi uma questão de *vida* ou de *morte* da Congregação ou Ordem. Ou voltava para animar de novo o começo carismático ou a Congregação/Ordem iria morrer! Não iria atrair vocações. Havia uma distância crítica entre o discurso e a vida do grupo, que não atraía vocações. Todo esse processo, segundo Pe. Hostie, aconteceu durante 200 anos da história da Congregação ou Ordem, mas a crise pode ter acontecido bem antes dessa data, quando os membros não assumiram querer superar a crise de sua identidade e renovar o começo carismático do fundador.

2. Ativismo sem freios

Podemos perceber alguns sinais dessa crise em nossas Congregações e Ordens que, certamente, agem como retrocessos. O primeiro sinal é *ativismo sem freios*. A vida religiosa, com menos vocacionados, às vezes por opção, está sendo reduzida para um fazer exagerado. Entramos na norma do mundo que exige produção e resultados ao custo de deixar de lado coisas necessárias para viver uma vida consagrada e profética. E, no processo, abandonamos coisas essenciais, que precisamos para manter com fidelidade nossa vida consagrada, as quais são ensinadas por todos os grandes mestres de espiritualidade religiosa e por nossos próprios fundadores. De repente desaparece, em primeiro lugar, *a oração pessoal* porque "não há tempo" ou "estou cansado demais". E, sem oração pessoal, o espírito e a vivência de consagração começam a secar por dentro. Ficamos mais funcionários do que pessoas consagradas. Esquecemos nossa identidade religiosa, e isso cria uma crise pessoal e comunitária. Existe, então, uma falta de profecia pessoal e comunitária, porque falta esse encontro diário com o Mestre, que vive no meio da comunidade. Jesus torna-se mais uma ideia do que nosso Mestre e Senhor. Ficamos distantes do Mestre e esquecemos que somos por toda a vida discípulos que precisam fitar nossos olhos e coração no ser e no agir do Mestre. Enfraquecemos o discipulado do Mestre Jesus.

> Deve-se reconhecer que alguns religiosos não conseguiram a integração entre vida e oração, mormente quando se acham absorvidos pela atividade, quando na inserção faltam espaços de intimidade ou vivem uma espiritualidade falsa (Doc. Puebla sobre oração).

> Sem uma profunda vida interior, não podemos ir muito longe, nem na experiência de Deus, que nos atrai, nem na radicalidade do seguimento de seu Filho, nem na vivência dos votos, nem na vida comunitária, na oração e no minis-

tério apostólico (Pe. Adroaldo Palaoro, SJ, Convergência, julho e agosto, 2018, p. 56).

Esse retrocesso tem efeitos também em nossa vida comunitária porque não temos mais tempo para ter *momentos de qualidade na comunidade*. Vivemos juntos, mas sem gerar a vida, sem ajuda mútua, sem amor evangélico. Não enxergamos mais Jesus na pessoa de nossos coirmãos e "o que fez ou faltou a fazer a eles, fez a Mim" (Mt 25,40-46).

Outro fenômeno é que não temos mais tempo para um retiro anual, quando é necessário pararmos, examinarmos nosso compromisso de consagração e renovarmos nosso amor mútuo com Cristo. Sempre existem desculpas, tais como "tenho tantas coisas para fazer", e fugimos do compromisso de "pararmos e irmos para um lugar deserto", para reabastecermos nosso compromisso de consagração, como o próprio Jesus humano, que sentiu essa necessidade, convidando sua comunidade a fazer o mesmo.

> E, levantando-se de manhã, muito cedo, fazendo ainda escuro, (Jesus) saiu e foi para um lugar deserto, e ali orava (Mc 1,35).
>
> E ele disse-lhes: "Vinde vós, aqui à parte, a um lugar deserto, e repousai um pouco" (Mc 6,31).
>
> E, regressando os apóstolos, contaram-lhe tudo o que tinham feito. E, tomando-os consigo, retirou-se para um lugar deserto de uma cidade chamada Betsaida (Lc 9,10).

O retiro anual é um tempo de graça. Tempo para olharmos profundamente para a vivência ou falta de vivência de nossa consagração. É tempo de refazermos as forças. Tempo de afastar de nós o desânimo. Tempo de nos encontrarmos com Cristo libertador. Tempo de reconciliação por meio do Sacramento da Penitência. Mas fugir desse meio é convidar o espírito de consagração a secar dentro de nós. É um sinal de crise pessoal fugir do retiro anual. Aqui também seria um momento de nos questionarmos sobre o tipo de retiro que estamos procurando. Em muitos casos, o retiro anual tornou-se mais um curso sem tempo suficiente para rezar, reanimar o encontro com nosso Mestre Jesus. Precisamos promover momentos importantes de oração e contemplação durante nossos retiros.

Sem momentos de intimidade com Cristo e de Cristo com seus consagrados, logo haverá uma crise de identidade e uma perda da vivência da vida consagrada. Haverá um afastamento da intimidade com Cristo e o sentido profundo de consagração será perdido ou reduzido para o ativismo sem espírito. Sem interioridade, Deus Pai parece estar tão distante, Jesus permanece no passado sem influências em nossa vida atual, o Espírito Santo não acha espaço para animar e sarar nossas feridas, o Evangelho torna-se lei, sem espírito e sem amor, e a liturgia vira ritualismo sem experiência do amor de Deus em nossa vida.

Outro sinal de crise no sentido de ativismo exagerado é um novo vício na vida consagrada, isto é, um tempo exagerado, se não vício, no uso celular; depois vem a desculpa de que não houve tempo para rezar. O uso exagerado do celular é agora considerado um vício, e um estudo de psicólogos na Inglaterra provou que é mais fácil livrar-se dos vícios de bebida e de drogas do que do novo vício do uso exagerado do celular. Falta honestidade entre nós, religiosos, para admitirmos o tempo que passamos usando o celular e a falta de oração pessoal, que sustenta a vida consagrada.

O resultado dessa falta de comunhão íntima com Cristo é que criamos um sentido de vazio interior – perdemos "nosso primeiro amor":

> Tenho, porém, contra ti que deixaste o teu primeiro amor. Lembra-te, pois, de onde caíste, e arrepende-te, e pratica as primeiras obras (Ap 2,4-5).

Tudo isso facilmente pode causar desânimo, dúvidas vocacionais, um sentimento de desilusão e não realização na vida consagrada. E, exatamente nessa situação, nós, religiosos, buscamos nossas compensações na forma de bebidas, drogas, sexo; uma nova compensação na vida religiosa é a busca de pornografia na internet. Sem honestidade pessoal e comunitária, nunca vamos crescer e superar nossas crises. Não há leis (capítulos/revisão de vida) que podem resolver esses sinais. É somente conversão evangélica nos ensinamentos de nosso Mestre Jesus. Temos de redescobrir o fogo da consagração e mudar nossa vida. Precisamos esquentar o fogo de amor mútuo entre Deus e seus escolhidos.

3. Indicações de secularização na vida religiosa

Outro retrocesso foi a aceitação na vida consagrada de certos princípios da *secularização*. Não há dúvida de que a pós-modernidade trouxe muitos benefícios para a vida consagrada, mas houve também a introdução de alguns princípios contra os valores do Evangelho, que infelizmente infiltraram na vida religiosa.

> Num continente onde se manifestam sérias tendências de secularização, também na vida consagrada, os religiosos são chamados a dar testemunho da absoluta primazia de Deus e de seu Reino (Doc. Aparecida, n. 217).

Parte da pós-modernidade continua tentando apagar o "Sagrado" em tudo, para justificar alguns de seus princípios antievangélicos e imorais. Infelizmente, alguns religiosos perderam profeticamente os valores evangélicos, porque compraram a propaganda dos "deuses do pão, do prazer e do poder". No processo, começaram a diluir a força da mensagem do Evangelho e entraram em uma *acomodação evangélica*. Então, começaram a não viver o que publicamente professaram e pregaram aos outros na Igreja. A vida religiosa perdeu sua força profética, e não podemos enganar o povo de Deus, que percebe essa situação triste. Ficamos então como o "resto" da sociedade com seus valores antievangélicos, pautados nas coisas materiais, prazeres e poder. Podemos nos tornar assim "profecias ocas" neste mundo, porque vivemos o que condenamos nos outros, em nossos discursos.

No processo, fechamos nossos ouvidos e nosso coração (obediência evangélica) para não ouvir a força da Palavra de Deus. Entramos no *comodismo*, que é uma opção clara para não crescermos mais. Não permitimos que Deus entre no meio de nós para nos questionar sobre nossos valores, que prometemos publicamente viver: *a pobreza, a castidade e, sobretudo, a obediência*. Começamos a perder nossa força profética nesses três valores evangélicos. Sem abertura honesta sobre a vivência desses valores cristocêntricos, não há conversão e paramos de crescer.

Padre Libânio, SJ, escreveu algo muito forte e descreveu o que tentei apresentar sobre esse retrocesso.

> Morreram a razão iluminista e a prática socialista. Ficou o prazer narcisista. Corra atrás do prazer momentâneo. O perene desaparece, o passado perdeu consistência e o futuro se faz incerto (...) está aí o hipersujeito na Vida Consagrada, preocupado unicamente em construir seu próprio mundo, já que tudo fora dele perdeu sentido. Nutrir a própria subjetividade e relativizar as realidades objetivas externas mostram-se dois traços fundamentais que afetam a tríplice dimensão da Vida Consagrada: vida pessoal, comunitária e apostólica com consequências inimagináveis (Pe. Libânio, SJ, Convergência, janeiro/fevereiro 2012).

Com essa realidade de "prazer narcisista", encontramos hoje, na vida religiosa, a realidade, às vezes dolorosa, do *subjetivismo*. Este seria a tendência de uma ética liberal, que deu para a liberdade humana um valor supremo, que rejeita toda "lei" que infringe sua liberdade de escolha. Houve uma total separação entre espiritualidade e a vida consagrada. A norma única agora é somente o "EU". O egocentrismo radical e sem compromisso pode existir também na vida consagrada, especialmente no contexto da vida em comunidade e no apostolado. Há então a atitude de que ninguém, na comunidade, pode questionar sobre as decisões unilaterais. "Tudo que eu faço é certo" tornou-se uma norma, em muitos casos, na vida religiosa. Com essa atitude, é impossível formar comunidade baseada no amor e na partilha. É uma escolha para um estado de egoísmo crônico. Essa atitude tem causado muito sofrimento nas comunidades religiosas.

Alguns sinais de que há essa secularização e de que precisamos de uma conversão séria:

1. RACIONALISMO: a razão como a autoridade máxima. A fé não tem mais importância nem valor, isso também inclui os ensinamentos do seguimento de Jesus Cristo.

2. RELATIVISMO: tudo é relativo – não há mais ABSOLUTOS, como nossas crenças e tradições religiosas legítimas e provadas. Toda tradição da Igreja e da própria Congregação ou Ordem não influencia mais nas decisões pessoais e comunitárias.

3. HEDONISMO: promover e fazer tudo que proporciona e promove o prazer pessoal. O princípio é só se sentir bem, sem precisar pensar nos outros. Essa atitude, especialmente, toca no assunto de prazer sexual como compensação diante de qualquer situação difícil. Evita-se,

então, qualquer compromisso comunitário ou apostólico, que interfira na área de prazer, resultado desse sinal de secularismo.

4. MATERIALISMO: os bens materiais ficam em primeiro lugar, tudo é voltado para benefício próprio, sem precisar pensar nos outros. A busca do desnecessário, individual e comunitariamente, tornou-se um sinal evidente de secularização.

5. INDIVIDUALISMO: "Eu sou dono de toda a verdade" é uma expressão do egoísmo no extremo. Só o "eu" egocêntrico motiva tudo o que se é ou faz sem precisar ouvir os outros na comunidade.

É claro que, onde esses sinais de secularização existem, não é possível viver a consagração profeticamente, nem uma vida comunitária saudável e libertadora. Precisamos ter a honestidade de colocar nossos dedos nos sinais de secularização em nossa vida consagrada e buscar a conversão individual e comunitária, para voltarmos a acolher e viver os princípios do Evangelho, que exigem muita doação de nós mesmos, como Cristo sempre indicou: a comunidade exige renúncia motivada pelo amor. Sem amor e doação de si mesmo em favor da comunidade e do povo de Deus, que servimos, os sinais de secularização somente vão crescer.

4. Falta de pertença e perseverança

Outro sinal de retrocesso é a questão da *falta de pertença, de perseverança e de fidelidade* para com a Congregação ou Ordem e para com nossos coirmãos. Primeiro, há a questão dolorosa de menos vocacionados para a vida consagrada. Quem mais sofre com essa realidade são as Congregações femininas. Os membros de algumas Congregações tradicionais estão ficando idosos e sentem certo desânimo entre eles sobre o futuro da Congregação ou Ordem e de seu carisma na Igreja. Onde, antigamente, houve muitos noviços, hoje há poucos, e isso desanima. É mais um sinal do efeito de secularização em nossa vida consagrada. Não há coisas absolutas, e tudo é relativo. A secularização não aceita compromissos estáveis e comprometedores.

Mas pior é *o sinal da falta de pertença e corresponsabilidade* vocacional com o grupo em geral.

> Também notamos que por causa desta transformação de mudança e insegurança registram-se numerosas deserções nos institutos religiosos (Doc. Medellín, Religiosa, Adornamento, n. 6).

> Um problema preocupante não só pelo número – entre 2015 e 2016, houve, em média, por ano, 2.237 abandonos no mundo – mas "também pela idade em que ocorrem, entre os 20 e os 40 anos, quando ainda podem dar muito de sua vida" (57ª Assembleia dos Superiores Maiores da Itália).

É impressionante o número dos que saem das Congregações e Ordens, logo depois dos votos perpétuos, por razões banais ("não gostei da transferência, portanto, 'tchau'") ou, pior, por receberem seus diplomas ao custo da Congregação ou Ordem. Incluído nesse retrocesso, está o fato de que nas Congregações clericais existe a facilidade de deixar a Congregação buscando incardinar-se em uma Diocese, de novo, por razões, às vezes, banais. Tudo isso deixa um vácuo na vida comunitária, apostólica e afetiva da Congregação ou Ordem, que, infelizmente, faz parte dessa pós-modernidade, demonstrando uma falta de compromisso sério e fidelidade para com os outros membros. Por isso, o documento *Lumen Gentium* frisa a necessidade de *cultivar nossa vocação religiosa e perseverar nela*:

> Cada um dos que foram chamados à profissão dos conselhos, cuide com empenho de perseverar na vocação a que o Senhor o chamou, e de nela se aperfeiçoar para maior santidade da Igreja e maior glória da una e indivisa Trindade, a qual em Cristo e por Cristo é a fonte e origem de toda a santidade (Doc. Vat. II, *Lumen Gentium*, Cap. VI, n. 47).

Mais uma vez a colocação de padre Libânio sobre a realidade "do prazer narcisista" pode esclarecer algumas motivações das situações mencionadas. Não são razões pensadas e rezadas, mas fruto de uma secularização totalmente centrada no "eu" e do afastamento do conceito bíblico de "nós".

Tais realidades precisam questionar nosso sistema de formação inicial e a necessidade de mais seriedade na seleção dos candidatos. Também é necessário o maior discernimento diante da passagem de uma etapa de formação para a próxima. Cada candidato precisa ser questionado sobre a seriedade de suas intenções vocacionais; nesse sentido os formadores não devem passar para a próxima etapa aqueles sobre os quais há dúvidas sérias sobre suas intenções vocacionais. Diante da realidade de menos vocacionados, existe o medo dos formadores de dizer que tal candidato não tem o necessário para continuar em sua caminhada naquela Congregação ou Ordem. Se não o questionarmos ou, ao menos, *não* o passarmos por enquanto para a próxima etapa, vamos criar futuros problemas de pertença na Congregação ou Ordem.

5. Falta do processo de refundação

Outro sinal de retrocesso foi o movimento de *refundação* da vida religiosa. Depois do Concílio Vaticano II, todas as Congregações ou Ordens tiveram de reescrever suas Constituições e seus Estatutos. Houve a necessidade de reescrever também uma vida mais crítica de nossos fundadores, tentando captar de novo o espírito fundacional e a ação do Espírito Santo em nossos fundadores.

E, depois, quando tivemos a coragem de admitir que a vida religiosa estava de fato em crise no mundo todo, começou o movimento para *refundar a vida consagrada e o começo carismático de cada Congregação ou Ordem*. Para conseguir essa tarefa, tivemos as orientações sobre nossas novas Constituições e os documentos que vieram de nossos próprios Capítulos Gerais. Houve também orientações da CLAR e da CRB Nacional sobre a necessidade de parar para refletir e poder entrar no processo e no espírito de refundação. No começo, foi uma busca sincera para voltar e tentar refundar o começo carismático de nossos fundadores. As novas Constituições nos deixaram o fato de possuirmos a herança de uma espiritualidade específica, animada pela experiência mística do fundador, que criou uma maneira de viver a fraternidade e, finalmente, um serviço específico na Igreja (carisma). Como padre Hostie, SJ, descreveu em seu livro, houve na história de cada Congregação ou Ordem um começo carismático (fundador) e, depois, um crescimento notável de pessoas querendo viver dessa nova maneira o Evangelho na consagração religiosa. Mas com o tempo o grupo começou *a esquecer-se do fogo original dos fundadores*, a ser infiel ao projeto original da Congregação ou Ordem e esqueceu o que os fundadores pediram, para manter o fogo aceso.

> A conveniente renovação da vida religiosa compreende não só um contínuo regresso às fontes de toda a vida cristã e à genuína inspiração dos Institutos, mas também sua adaptação às novas condições dos tempos (Doc. Aparecida, Princípios gerais para sua reformação, n. 2).

Então a refundação teve por fim reacender *o começo carismático da fundação da Congregação ou Ordem*, reanimando seu espírito original, com roupa nova, segundo os sinais dos tempos. As coisas, os costumes, as maneiras de viver externamente mudam, sem alterar o espírito ou o essencial do começo carismático. O movimento no Brasil começou bem, acolhendo a necessidade de refundação. Nossas assembleias e nossos capítulos gerais e provinciais nos deram orientações para implementar essa refundação.

Houve honestidade sobre nossa realidade e a necessidade de mudanças, de conversão.

Mas o movimento de refundação começou a esfriar em pouco tempo. Padre Libânio, SJ, em uma conferência em São Paulo para os religiosos, disse algo mais chocante: o movimento de refundação no Brasil *foi um fracasso*. Foi um retrocesso em outras palavras. Foi um retrocesso no sentido de que, quando nós, religiosos, descobrimos que a refundação exigiu de nós mudanças necessárias no ser e no agir da vida consagrada, houve um freio no movimento. Quando descobrimos que precisávamos *mudar estruturas já fixas e estabelecidas* em nossa vida acomodada, para poder voltar a reacender o projeto original dos fundadores, o movimento parou dramaticamente. A opção para não mudar foi a preferência de muitos. As mudanças nos incomodaram e preferimos uma atitude de *comodismo* para deixar as coisas ficarem como estavam, ao invés de optarmos pela conversão. Faltou honestidade para descobrir que, de fato, estávamos nos desviando do projeto original da fundação da Congregação ou Ordem. Começamos a falhar em nossa maneira de viver a consagração, a fraternidade e, sobretudo, entramos na infidelidade ao carisma, *especialmente a nossos serviços carismáticos aos mais pobres*. Mais uma vez faltou uma profecia visível em nossas vidas, e isso não atraiu novas vocações. Sem o processo de refundação em nossas Congregações e Ordens, a crise na vida religiosa e em nosso Instituto se perpetuou. Tudo isso demonstrou para potenciais vocacionados a grande distância entre nosso discurso e nossa vida. Os vocacionados, então, fizeram a opção por não entrar nesse ou naquele grupo de consagrados, uma vez que as vocações surgem por meio da vivência autêntica e profética da prática da vida consagrada.

Os sinais de crise aumentaram sem serem confrontados para iniciarmos um processo honesto e consciente de conversão e refundação. O ativismo exagerado tomou o lugar da oração pessoal que preserva a vocação. Acolhemos os sinais de secularização, ao invés dos desafios do seguimento radical de Jesus Cristo. Entramos no comodismo a respeito da vivência profética de nossos votos e nossas promessas, e a vida acomodada apagou nossa profecia. A conversão tornou-se uma frase sem vida e sem a busca de realizá-la. Somente uma conversão sincera, que exija algumas opções claras, pode nos libertar para voltarmos a viver, profeticamente, nossa identidade de consagrados na Igreja. A conversão acontece na vida e não em ideias.

6. Falta de profecia na vivência dos votos

O ser ou a essência da vida consagrada é viver a aliança de nosso batismo em uma forma mais intensa e profética. É amar a Deus de todo o nosso coração. É amar nosso próximo visivelmente. E, para expressar esse amor na vida religiosa, escolhemos, tradicionalmente, viver as mesmas coisas que Cristo humano viveu e agora nos convida a viver e testemunhar, profeticamente, neste mundo: a pobreza, a castidade e a obediência. Os votos são meios para viver o essencial de amor intenso a Deus e ao próximo.

> A vida consagrada se converte em testemunha do Deus da vida em uma realidade que relativiza seu valor (obediência), é testemunha de liberdade diante do mercado e das riquezas que valorizam as pessoas pelo ter (pobreza), e é testemunha de uma entrega no amor radical e livre a Deus e à humanidade diante da erotização e banalização das relações (Doc. Aparecida, n. 219).

A palavra mais citada nos documentos recentes sobre a vida religiosa é "profecia".

> No transcorrer da história da Igreja, a vida religiosa teve sempre, e agora com maior razão, uma missão profética... (Doc. Medellín, cap. Xll, n. 1).

E essa palavra apareceu tanto, porque, possivelmente, a profecia da vida consagrada estava em falta. Já falamos sobre a influência negativa da pós-modernidade na vida consagrada. Parece que assumindo os valores negativos e não evangélicos do mundo moderno, nossa profecia religiosa começou a perder sua força na Igreja e no mundo, porque faltou a vivência mais visível dessa consagração. Essa evidência percebemos exatamente na falta de profecia na vivência dos três votos, a qual, no fim, expressa uma falta de vivência da mais importante expressão da vida consagrada: o amor. Em poucas palavras, houve um retrocesso em nossa profecia de amor a Deus e ao próximo: aliança do batismo e de consagração religiosa. Os votos não falam de leis e obrigações, mas, de meios para amar a Deus e nosso próximo. E Cristo nos mostrou como Ele vivia esse caminho em sua humanidade e nos pediu que o continuássemos.

A prática do voto da pobreza tem experimentado mudanças em sua vivência depois do Concílio Vaticano II, mas nem sempre essas diferenças foram proféticas. A maioria dos retrocessos na pobreza afetou nossa vida em comum e, consequentemente, nossa profecia.

Antes do Concílio Vaticano II, o que predominava era conseguir que tudo fosse igual para todos, como, por exemplo, a roupa, os quartos, móveis etc. Nos velhos tempos, o voto de pobreza, muitas vezes, tornava-se um voto de *dependência*. Era preciso pedir licença do superior para tudo, desde o uso da pasta de dentes até o uso de um carro. Assim, a ênfase ficou no exterior, e o modelo foi totalmente monástico, sem ser para congregações apostólicas. Foi, de fato, um modelo muito infantil, embora que vigiasse na tentativa de buscar o supérfluo. Isso mudou depois do Concílio Vaticano II, quando os religiosos que faziam o voto de pobreza começaram a buscar mais corresponsabilidade no uso das coisas materiais. As novidades exigiram mais consciência de um estilo de vida mais simples, nesse continente pobre, e uma cooperação e participação na política de justiça social (Documentos do CELAM).

Com o tempo houve certa reviravolta, um retrocesso. O apelo ao materialismo da pós-modernidade invadiu nossos conventos.

> Outra provocação vem, hoje, de um materialismo ávido de riqueza, sem qualquer atenção às exigências e aos sofrimentos dos mais débeis, nem consideração pelo próprio equilíbrio dos recursos naturais. A resposta da vida consa-

grada é dada pela profissão da pobreza evangélica, vivida sob diversas formas e acompanhada, muitas vezes, por um empenhamento ativo na promoção da solidariedade e da caridade (Doc. Vita Consecrata, n. 89).

E a primeira coisa que abandonamos profeticamente é a *simplicidade de vida* em um mundo cercado de tantas injustiças sociais. O individualismo no discernimento e na prática tomou conta do voto da pobreza. A busca do supérfluo, das coisas materiais começou a destruir a simplicidade de vida religiosa, que, antigamente, era profética. Houve a nova prática de receber mensalmente "o dinheiro de bolso", assim não se precisou mais a licença do superior para coisas simples. Isso seria positivo, se todos recebessem a mesma quantia, o que nem sempre aconteceu. Alguns religiosos afastaram-se de um princípio evangélico essencial e profético da pobreza: *tudo esteja em comum* (At 2,44-47). Existem, hoje, religiosos que mantêm seu dinheiro pessoal no banco e não partilham com os outros na comunidade nem com os que estão passando necessidades. Outros recebem dinheiro por seus serviços profissionais ou ministeriais e não depositam seus salários ou espórtulas na caixa comum da comunidade. Essas práticas criaram uma imensa diferença entre os membros da comunidade, em que alguns têm mais e outros menos, um princípio normal da pós-modernidade, *não do Evangelho*. Assim, caímos no mesmo erro que condenamos nos outros e nos falta profecia contra o materialismo selvagem do mundo atual. Alguns possuem seus carros "particulares" e não, necessariamente, coloca-os ao serviço da comunidade. Alguns possuem os mais recentes modelos de celulares, TV e outras coisas e seu coirmão no quarto ao lado não tem recursos nem para as coisas mais necessárias; tudo isso cria uma atmosfera desagradável. Esses fatos destroem o sentido de fraternidade, como foi vivida por Cristo e sua comunidade, e a vida religiosa por séculos. Criamos, individual e até comunitariamente, o mal da *ganância,* querendo possuir o desnecessário em nossa vida, diante dos que nem têm o necessário para viver na dignidade. E assim perdemos fortemente nosso profetismo, em que pregamos a pobreza evangélica, vivendo as mesmas normas do mundo. E parece que os superiores não podiam questionar essas práticas negativas contra nossa vida em comum. Parece que uma boa revisão honesta e um confronto sobre as faltas da pobreza na vida comunitária, no âmbito da vida consagrada, simplesmente não acontecem por falta de coragem dos coirmãos em questionar essas contas particulares no banco e da verdadeira busca de fraternidade, que coloca tudo em comum, na comunidade, como foi exigido, tradicionalmente, pelo voto da pobreza.

    Tudo isso criou a falta de profecia diante do povo de Deus. O povo, às vezes, não via nada de diferente em alguns religiosos a respeito dessa busca frenética do materialismo.

    Podemos ver essas realidades também no voto da castidade. Antes do Concílio Vaticano II, somente existia um modelo, que reduziu a virtude da castidade para somente questões de virgindade, sexualidade genital e a proibição de casamento. Essa visão, bem negativa, formou pessoas consagradas com dificuldades de amar e serem amadas. Depois do Concílio, houve grandes avanços no ser e no agir do voto de castidade. A realidade moderna da sexualidade na vida humana e sua importância no crescimento afetivo, para formar amizades com pessoas do mesmo ou do outro sexo, levaram os religiosos a reconsiderarem a teologia e a prática do celibato religioso. A castidade significa que devemos ter momentos de intimidade com Cristo durante cada dia. Sem esses momentos, é muito difícil "amar a Deus de todo o nosso coração e, por causa de Deus, amar nosso próximo".

> A primeira provocação provém de uma cultura hedonista que separa a sexualidade de qualquer norma moral objetiva, reduzindo-a frequentemente ao nível de objeto de diversão e consumo, e favorecendo, com a cumplicidade dos meios de comunicação social, uma espécie de idolatria do instinto (...) A resposta da vida consagrada está, antes de mais, na prática alegre da castidade perfeita, como testemunho da força do amor de Deus na fragilidade da condição humana. A pessoa consagrada atesta que aquilo que é visto como impossível pela maioria da gente, torna-se, com a graça do Senhor Jesus, possível e verdadeiramente libertador. Sim, em Cristo é possível amar a Deus com todo o coração, pondo-o acima de qualquer outro amor, e amar assim, com a liberdade de Deus, toda a criatura! Este testemunho é hoje mais necessário que nunca, exatamente por ser tão pouco compreendido pelo nosso mundo (Doc. Vita Consecrata, n. 88).

Aconteceu a maior aceitação de nossas fragilidades em nossa área afetivo-sexual e buscamos ajudas psicológicas para resolver nossas deficiências. A sexualidade deixou de ser um assunto "tabu", e se tornou um assunto aberto e libertador.

Mas houve também certos retrocessos na profecia desse voto, em um mundo hedonista. Antigamente, os Superiores Provinciais tentaram esconder os escândalos sexuais dos membros de suas Congregações e Ordens. Agora tais abusos ficaram cada vez mais públicos e puníveis pela justiça. Querendo ou não, tais ocorrências escandalizam o povo de Deus. Cada religioso é, na mente do povo, aquele que age em nome de Deus e que está mais próximo do Sagrado. E, quando um religioso se serve dessa vocação para abusar sexualmente das pessoas, *o dano causado assume proporções incalculáveis.*

Pior ainda são os abusos de pedofilia, mais frequentes do que queremos admitir. As ocorrências, na vida religiosa, *ativa e assumida da homossexualidade*, que justificam a filosofia e moralidade "gay", em que tudo é permitido e justificado segundo sua orientação sexual, são mais frequentes entre religiosos do que no passado. Tudo isso afeta profundamente o profetismo na Igreja e no mundo. Ser homossexual não impede que alguém seja religioso. A orientação sexual não determina a vocação à consagração religiosa. Mas é necessário que um homossexual acolha as mesmas normas e exigências evangélicas da castidade, na vida religiosa, indicadas para heterossexuais, isto é, a abstinência sexual, em favor do reino, livremente assumida (Mt 19,12).

O voto da castidade é muito mais vasto do que somente considerações genitais e de reprodução. A sexualidade é um fator principal de todos os relacionamentos humanos. A sexualidade nos impulsiona em direção aos outros em diversos modos: companheirismo, fraternidade, amizade, amor, intimidade.

Houve, no contexto de castidade, um retrocesso sobre a falta de qualidade de nossa vida em comunidade. Na vida comunitária religiosa, assumimos e esperamos criar laços de fraternidade, amizade e amor uns aos outros. Criar uma atmosfera de amor mútuo, que serva como uma fonte de apoio e de perseverança em nossa vocação. Tudo que toca em nossa vida sobre o exercício de caridade é uma manifestação do voto da castidade, seja na presença ou nos serviços na comunidade, seja no apostolado. Cada ato que exige um sair de si em favor do outro é um ato de castidade consagrada.

Parece que, recentemente, na vida comunitária, *há sinais evidentes* de que nós amamos *uns aos outros menos*. Falo que "parece". Há *indicações* de que, certamente, perdemos alguns sinais de vida e profecia no exercício de nossa castidade.

> A vida comunitária, muitas vezes, fica fragilizada por mágoas, competições, ironia e rigidez, levando, em ocasiões, a refugiar-se no mundo virtual ou na televisão (Rafael Lopez Villaseñor, *Convergência*, março 2018, p. 77).

Uma indicação é que "não temos mais tempo" para momentos mais íntimos de partilha de vida, a fim de promover amizades mais profundas. Mais uma vez, o ativismo frenético tomou conta de momentos importantes em nossa vida comunitária. Não temos mais tempo para conhecermos, melhor, nossos coirmãos. Vivemos juntos, *mas sem gerar a vida entre nós*. É um cenário triste de se ver em uma comunidade: todos os membros juntos corporalmente, mas cada um preso em seus celulares, sem se comunicar com os membros presentes. E sem comunicação não há vida, não há comunidade. E, onde reina desamor, incompreensão, julgamento, fica difícil, se não impossível viver *a castidade*. E assim o religioso busca sua afeição fora da comunidade e, às vezes, com resultados tristes. Aqui entra o retrocesso. Os religiosos, sentindo essa falta, começam a buscar seus substitutos de afeição legítimas, que, fora da comunidade religiosa, possivelmente, afetam a vivência profética de seu voto da castidade. As amizades com pessoas do outro ou do mesmo sexo começam a ir além. A busca de sites pornográficos começa a diluir a força da prática da castidade e, especialmente, o elemento essencial de doação de si mesmo na comunidade e no apostolado. Falta de repente a profecia de castidade para a Igreja e o mundo.

    Com a falta da comunidade autêntica também poderia facilmente acontecer o problema humano de solidão no religioso. A solidão é um sentimento que deixa a pessoa se sentir só, sem se sentir amada; o religioso sente-se isolado até dos próprios membros da comunidade. E isso também força a pessoa a buscar seus substitutos afetivos na forma de sexo, pornografia e outros desvios.

A outra é a justificação de ter o direto de não perdoar de nossos irmãos as ofensas que, às vezes, aconteceram anos atrás. A negação da compaixão e do perdão é contrária à misericórdia evangélica e, certamente, contra o sentido profundo de castidade. O papa Francisco falou para religiosos na Coreia do Sul e pediu para que "vivam a alegria enraizada no mistério de misericórdia, para que se tornem 'especialistas na misericórdia divina, precisamente por meio da vida em comunidade' (...) Na vida comunitária 'somos chamados a crescer na misericórdia, na paciência e na caridade perfeita'" (Vilaseñor, op. cit., p. 77-78).

E, finalmente, o voto da obediência mostrou certos retrocessos. Prometemos, por meio do voto, *não somente ficar de ouvidos e de coração abertos*, para acolher a vontade de Deus Pai na vida atual, mas também buscar cumprir essa vontade nas circunstâncias concretas da vida consagrada e no mundo. Antes do Concílio Vaticano II, somente existiu praticamente o modelo de "obediência cega". "O superior falou, Deus falou" foi o modelo predominante por séculos. Isso foi totalmente rejeitado quando as ciências humanas foram, finalmente, introduzidas na vida religiosa, como psicologia, sociologia e antropologia. Ninguém aceitava mais esse modelo fechado e até infantil de obediência. Em seu lugar, foi introduzido o novo conceito de corresponsabilidade. Isto é, o Superior com o religioso precisaram buscar juntos a vontade de Deus em sua vida. Os dois, superior e coirmão, tornaram-se corresponsáveis na busca e na execução da vontade do Pai. Isso exigiu, por exemplo, na questão de uma transferência, diálogo e participação de todos os envolvidos e foi um grande avanço na vivência da obediência religiosa.

O retrocesso também veio na forma de uma viravolta radical. Algumas Congregações e Ordens insistiram em ficar no antigo modelo de "o superior falou, Deus falou". Não avançaram para o novo modelo de corresponsabilidade mútua. Mais cedo ou mais tarde isso poderia afastar futuros vocacionados que se criaram em um mundo moderno de mais abertura e com a necessidade de diálogo.

E, infelizmente, em muitos casos, o religioso sozinho quer determinar a vontade de Deus sem buscar o parecer do Superior e de sua comunidade local. Muito pior quando um religioso, publica e abertamente, rejeita a decisão do Superior Provincial e de seus conselheiros, pois isso causa divisão na comunidade. O narcisismo influenciou muito na formação de uma nova norma de obediência totalmente egocêntrica. E, diante das decisões, até daquelas partilhadas anteriormente em corresponsabilidade com o Superior, existe, frequentemente, uma rejeição aberta e até escandalosa das decisões tomadas. Essa situação criou uma atmosfera muito difícil na vivência comunitária e foi a causa de muitos desistirem da vida consagrada; outros desistiram até por razões banais, porque sua vontade não foi aceita. Faltou mesmo a profecia sobre o voto de abertura diante da vontade do Pai. O sentido da comunidade e de serviço apostólico (carisma) foi substituído por um forte egoísmo que exigiu que todos fizessem o que o indivíduo religioso decidisse caso contrário haveria, "inferno". O "Eu" predominou sobre o "Nós" no voto da obediência, com resultados difíceis.

É bom repetir que os votos são meios e não a essência da vida consagrada. São meios cristocêntricos, que Cristo humano primeiro viveu, para profetizar sua consagração radical a seu Pai. O ser e a essência da vida consagrada falam de um amor intenso a Deus e ao próximo, cumprimento da aliança do Batismo. Portanto, todos esses retrocessos na vivência dos três votos causaram um imenso efeito negativo na vivência e na profecia do próprio ser consagrado. O povo de Deus não vê mais, em muitas maneiras, o bom exemplo de consagração batismal em seus religiosos.

7. Falta de seguimento radical de Jesus Cristo

Quando os religiosos começaram a reduzir e até deixar a oração pessoal, começaram igualmente a afastar-se do Mestre Jesus; assim o resultado foi um esfriamento sobre *o seguimento radical dele*. Depois de seu Batismo, Jesus começou a formar sua comunidade, com doze discípulos íntimos, que viviam integralmente com Ele. Jesus criou um Rabinato que consistiu em um Mestre vivendo com seus discípulos, mas mudou a essência em comparação ao que já existia. A meta não foi mais a busca da perfeição na observância da Lei, meta do Rabinato Judaico, mas a observância mais intensa de dois mandamentos: amor a Deus e ao próximo, a aliança do batismo. O Mestre Jesus primeiro viveu na radicalidade essas duas leis e, depois, convidou os doze: "Siga-me".

Um religioso assume, com sua consagração, seguir o Mestre em seu ser e agir. De ser seu discípulo no desejo de aprender e de crescer por meio do exemplo da vida de seu Mestre. Isso exige compromisso, intimidade com o Mestre e uma vida inteira de conversão no mesmo ser e agir do Mestre. "Eu sou o caminho e a verdade." Exige a necessidade de parar, mesmo em oração, para contemplar o Mestre, poder acolher, viver e continuar, profeticamente hoje, esse mesmo ser e agir dele. É viver com e como o Mestre para profeticamente mostrar ao mundo a imagem viva do Mestre Jesus que sempre deixou todos os discípulos livres para segui-lo. O seguimento de Jesus tem de ser livre. É compromisso.

> Desde então muitos de seus discípulos tornaram para trás, e já não andavam com ele. Então disse Jesus aos doze: "Quereis vós também retirar-vos? (...), e Pedro disse que tu tens as palavras de vida" (Jo 6,66-67).

O retrocesso veio na forma de não, honestamente, contemplar mais *Jesus Mestre*. Seguir Cristo é ser chamado por Ele (*vocação*). Cristo escolhe, o religioso acolhe o convite. Cristo quer incentivar intimidade com seus consagrados. Nada superficial existe no relacionamento do Mestre com seu discípulo. Isso exige muita humildade, porque não ganhamos esse convite por *merecimento*, mas pelo livre convite do Mestre, que vem do dom do amor de Jesus Mestre por nós. Ele nos chamou. Ele nos amou. Ele quer intimidade entre Ele e nós, seus consagrados.

Os religiosos foram convidados a aprender a ser *discípulos do Mestre*. Convidados a aprender a fitar seus olhos com amor no Mestre. Convidados a contemplar seu ser e agir. Isso exige a necessidade de cultivar intimidade e ter um tempo honesto para estar na presença do Mestre, na oração "eu-tu". Tempo de ter momentos de profunda consolação no amor do Mestre. É um processo por toda a vida tentar *configurar-se ao Mestre Jesus* (Fl 2,5). É contemplar, sobretudo, a humanidade de Jesus e a forma de ele viver seu amor ao Pai, por meio de sua obediência, diante da missão salvadora.

O retrocesso aconteceu quando, no lugar do Mestre, colocamos muitas outras coisas e distrações; assim a fascinação pelo Mestre diminuiu. Paramos de continuar o mesmo ser e o agir do Mestre, simplesmente, porque paramos de olhar, diária e honestamente, para ele. Não foi mais o Mestre íntimo em comunhão com sua comunidade íntima; Cristo ficou como se fosse uma ideia, uma filosofia, uma teologia seca, um movimento. Nosso primeiro amor começou a secar por dentro, por isso, exteriormente, faltou a profecia. Sem oração de intimidade, é impossível seguir o Mestre, impossível conhecê-lo, impossível imitá-lo. O retrocesso foi exatamente na falta da oração mais profunda e comprometedora em nossa vida.

Uma parte do seguimento de Cristo foi que os religiosos assumiram a mesma maneira que Cristo escolheu, livremente, para viver sua consagração a seu Pai. Cristo pobre, casto e, sobretudo, obediente viveu sua consagração de amor ao Pai. Por isso ele ensinou aos doze discípulos que, se quisessem segui-lo, precisariam assumir *as mesmas três renúncias evangélicas* dele. Cristo revelou, abertamente, para seus discípulos seu ser consagrado, na vida íntima com eles, e chamou-os a segui-lo pobres, castos e obedientes à vontade salvífica do Pai.

O retrocesso também veio quando os religiosos começaram a diminuir a força da palavra de Jesus no Evangelho. Cristo nunca escondeu de seus discípulos a necessidade da *renúncia* para poder segui-lo. Aqui entra o elemento necessário: seus doze discípulos foram convidados a seguir o Mestre até seu *destino*, que foi assumir a Cruz, para salvar toda a humanidade, fazendo a vontade de seu Pai. Os religiosos são convidados a continuar essa missão salvadora do Mestre Jesus doando suas vidas, para salvar a humanidade de hoje. Sem renúncia não há seguimento. O mundo moderno faz tudo para acabar com qualquer renúncia, e, infelizmente, alguns religiosos caíram nessa tentação. Não quiseram que a Palavra os incomodasse e os chamasse à conversão ao Mestre. Caímos numa leitura interessada do Evangelho sem compromisso e não uma Palavra que nos chama à conversão no ser e no agir do Mestre.

Nós, religiosos, começamos a diluir a força desse seguimento de Cristo em seu destino e fugimos das possíveis cruzes para testemunhar o Reino neste mundo tão fechado a Deus. Fugimos da profecia do anúncio dos valores evangélicos e da denúncia de tudo contra a dignidade humana por causa das possíveis reações negativas, se não, perseguições. Fechamos nossos ouvidos e nosso coração aos apelos claros do Mestre, revelados por meio da *lectio divina*, liturgia, de nossas assembleias e nossos capítulos, que nos chamaram à conversão no ser e no agir do Mestre Jesus. O medo da Cruz, a rigidez de costumes e a opção clara por não mudar, porque incomoda, comodismo, ativismo exagerado e interesses investidos, para não perder privilégios, são todos sinais da pós-modernidade que tiraram toda a força do seguimento de Jesus como sinal profético no mundo. Assim, o seguimento de Cristo é algo que estudamos no noviciado, mas que não consegue chegar até ser vida e compromisso na consagração religiosa. Sem contemplar o Mestre, o seguimento de Jesus simplesmente não acontece e caímos no perigo de fabricar nosso próprio modelo interessado do Mestre que não questiona e que contradiz o verdadeiro Mestre do Evangelho. Não queremos por esse gesto que o verdadeiro Mestre venha, pessoal e comunitariamente, para nos questionar sobre a verdade de nosso seguimento que prometemos viver no dia de nossa profissão religiosa.

8. Falta de aprofundar as novas Constituições

Vimos, nos avanços, a importância das novas Constituições de nossas Ordens ou Congregações. Foi um resumo do começo carismático dos fundadores e um guia seguro sobre nossa espiritualidade, fraternidade e a renovação de nosso carisma ou serviço na Igreja. Mais importante foi o fato de, em geral, o processo ser animado com a participação de todos os membros e de todos os lugares, onde os consagrados praticaram seu carisma. Houve um período de experiência nas novas Constituições, até o consenso final de um Capítulo Geral e a provação da Santa Sé.

Normalmente, estudamos o conteúdo dessas Constituições no tempo de formação inicial, especialmente no

Noviciado que nos inspirou a conhecermos e assumirmos seu rico conteúdo. Sentimo-nos atraídos pelo Espírito Santo a sermos uma continuação de Jesus Cristo, cujo ser e agir estão nas linhas de todas as nossas Constituições.

O retrocesso veio na forma de esquecermos o conteúdo das Constituições, que, como inspiração e guia de nossa vida, devem incentivar nossa fidelidade à consagração. Ao invés de retomarmos depois da formação inicial e rezarmos, periodicamente, o conteúdo das Constituições, individual e comunitariamente, o livro das Constituições, muitas vezes, somente acumula a poeira em nossas prateleiras. Tornou-se um livro de referência e certamente não serviu mais como guia de vida em nossos discernimentos. Esquecemos que é um livro que exige constante meditação para ser uma fonte de conversão. É um guia para indicar caminhos e fontes na busca de fidelidade em nossa consagração religiosa.

Talvez o pior cenário do afastamento foi que não deixamos as Constituições serem uma fonte de honestidade na vivência de nossos carismas. Pouco a pouco, os membros se afastaram do espírito original do carisma, que dá vida carismática à Congregação ou Ordem. O fundador e os membros iniciais da Congregação ou Ordem disseram que seu carisma era cuidar, de uma maneira ou outra, dos pobres, de repente, mas, por falta de assumirmos e vivermos as Constituições, começamos a *justificar* o fato de termos nos esquecido dos pobres e estarmos servindo os mais ricos, por ser mais cômodo. E assim a Congregação ou Ordem começou um processo de infidelidade, que não atraiu vocações. Não podemos enganar nossos vocacionados com um discurso bonito sobre os fundadores e sua intenção de amar e cuidar dos pobres, quando não estamos vivendo esse carisma. Começamos, por falta de deixarmos as Constituições nos guiarem, a *manipular seu conteúdo* para vivermos o oposto do projeto original da Congregação ou Ordem. Deixamos que os princípios da pós-modernidade tomem o lugar das Constituições com resultados bem tristes. Não vivemos o que professamos. E, como sempre foi e é, a profecia na Igreja e no mundo foi a que mais sofreu.

Também há a questão de ficarmos estacionados no tempo sem buscarmos novos caminhos para viver nosso carisma. É sempre mais fácil fazer uma leitura acomodada das Constituições, que não exige mudanças em nosso ser e agir consagrados. Pulamos, às vezes, os questionamentos mais importantes das Constituições nos momentos de discernimento e decisões. É fácil fazer uma leitura interessada das Constituições sem o elemento de *honestidade*, mas, possivelmente, sem ele nos desviamos do espírito dos fundadores e precisamos de conversão, para voltarmos a animar o começo carismático da Congregação ou Ordem. Sem o elemento da honestidade e conversão, o espírito das Constituições é morto e não dá vida aos membros da Congregação ou Ordem. Seria assumir o ser e o agir dos fariseus que falaram, mas não praticaram o que Cristo tanto condenou.

Sem dúvida, nossos Capítulos Gerais colocaram diante de nós questionamentos e pistas de conversão sobre a vivência autêntica de nossas Constituições. Antes e depois dos Capítulos Gerais, foram fornecidos documentos e estudos que foram buscas sérias e honestas, mas o retrocesso foi que esses documentos, muitas vezes, não foram acolhidos e estudados na base, seria, individual e comunitariamente. Ficaram logo documentos esquecidos, por isso a conversão, infelizmente, não aconteceu como foi desejada.

9. Falta da frequência dos Sacramentos

Outro retrocesso foi a frequência dos sacramentos. Sem dúvida, antes do Concílio Vaticano II, houve leis sobre a recepção dos sacramentos que foram, às vezes, mais um tormento interior e, certamente, costumes forçados. Um exemplo foi em relação ao Sacramento da Reconciliação, cuja recepção foi exigida, semanalmente ou, ao menos, a cada 15 dias. Tornou-se uma rotina acolher a riqueza espiritual desse Sacramento. A Eucaristia, antes do Concílio Vaticano II, em muitas circunstâncias, foi celebrada, exclusivamente, dentro das comunidades religiosas sem precisar ir para a Missa nas paróquias. Embora essa prática fosse conveniente, muitas vezes, causou uma rotina que matou o espírito da celebração.

Depois do Concílio Vaticano II, muitos religiosos começaram a diminuir a prática da recepção de certos sacramentos. Lembro-me de que, chegando para pregar um retiro para religiosos, eles decidiram que não precisava da celebração da Eucaristia dentro do horário do retiro. Não foi necessário. Também nem silêncio foi necessário.

Com a falta de padres para celebrar, exclusivamente, nas casas dos religiosos, cada consagrado precisou fazer uma opção para buscar celebrar a Eucaristia nas paróquias. Nossas distrações tomaram o lugar da celebração da Eucaristia, essencial para nossa espiritualidade religiosa e para o seguimento de Cristo.

Outro sinal de retrocesso é a falta da frequência e da busca de celebrar o sacramento da Reconciliação. Isso acontece ou porque a pós-modernidade anestesiou o sentido de pecado em nós, ou simplesmente porque concluímos que "não temos pecados". Sendo assim por que confessar? Um problema é que esquecemos que esse sacramento não somente perdoa nossos pecados, mas também cura as causas deles. Outro problema é que não temos coragem para fazer um exame de consciência sério. Confessamos os efeitos produzidos pelas raízes de nossos pecados, mas não temos coragem de colocar nosso dedo na raiz para recebermos o perdão. Qualquer um que teve experiência de trabalhar com a terra sabe que, sem tirar a raiz das pragas, elas logo voltam a crescer. Acontece o mesmo com nossos pecados. Um exemplo seria: confessamos que não fomos caridosos. Mas a raiz dessa falta de caridade é uma inveja que sentimos de outra pessoa. Nesse caso, é a inveja que precisa ser confessada e não seu efeito. A pós-modernidade não permite que façamos essa viagem necessária para dentro de nós, no silêncio, para descobrirmos nossas raízes. O resultado é que "não temos pecados mais profundos", por isso "não precisamos confessar porque sempre confessamos os mesmos pecados". Ficamos na superficialidade da descoberta dos bloqueios que não permitem a vivência autêntica e a conversão necessária em nossa vida consagrada. Cristo torna-se uma ideia, mas não o caminho de libertação de tudo que não nos permite praticar, com coragem, a imitação autêntica de sua santidade. Não precisamos da recepção frequente desse sacramento libertador, mas, várias vezes por ano, seria muito bom nos confrontarmos com nossos pecados e buscarmos a reconciliação com Deus, com a comunidade e com a Igreja, por meio do Sacramento de Penitência.

10. Falta de formação permanente

Outro retrocesso é a falta de formação permanente em nossa vida consagrada. Impressionante como, depois do Noviciado, especialmente nas congregações clericais, e depois do tempo de votos temporários, nas congregações femininas, os religiosos desistem de desenvolver o sentido de sua consagração, por meio de leituras e estudos sobre a consagração religiosa.

Embora haja matéria mais do que suficiente para fornecer conteúdo de reflexão sobre esses assuntos, em revistas e cursos sobre a vida consagrada, alguns nunca buscam essas ajudas. Ficam somente com o que aprenderam nas etapas iniciais de formação. Esquecem que a vida consagrada precisa de "alimento" para renovar o sentido de sua consagração, que precisam de fontes de questionamentos que levam à conversão. Não assumem que o sentido de consagração muda com tempo e com a idade e que precisam de meditação sobre o crescimento ou falta de crescimento na consagração.

O resultado triste é que ficam parados, e, assim, começa o processo de acomodação, que tira a vida, o sentido e a profecia da vida consagrada. Além disso, alguns são, por seu exemplo de fechamento, a fonte de desânimo nos outros, pois atrapalham com seu espírito negativo, sua crítica e até seu deboche com aqueles que querem crescer.

11. Anemia espiritual

Padre Luís González Quevedo, SJ, citou padre Palácio, SJ, que reconheceu "o desencanto estampado na vida de tantos religiosos" e afirmou que a vida consagrada sofre de "uma inegável anemia espiritual" (*Convergência*, julho/agosto, 2018, p. 46).

A anemia espiritual se apresenta quando existe, por opção, uma diminuição da oração como a fonte da alma de consagração. *A anemia espiritual indica um evidente distanciamento de Deus.* Esquecemos que nós nos consagramos para uma Pessoa: Deus, não para uma Congregação ou Ordem, nem para certo tipo de apostolado ou carisma. Uma Pessoa! E cortar intimidade com essa Pessoa cria anemia espiritual. A expressão anemia espiritual não se restringe somente para coisas espirituais em si. É uma "doença" que toca e tem efeitos tristes em tudo na vida consagrada, como na vida espiritual, comunitária e apostólica.

No meio da anemia espiritual, há atos comunitários de oração, mas sem vida, sem a busca de intimidade com Deus, sem dar espaço e licença para Deus entrar, amar e questionar as atitudes que enfraquecem a vivência da consagração. Há um fechamento para ouvir mais Deus e acolher os desafios de seu amor na aliança de consagração. O exercício apostólico do carisma congregacional torna-se algo pesado, sem amor e até sem sentido. Profetizamos mais "o desencanto estampado na vida" do que o amor a Deus e ao próximo. A anemia se manifesta por certo desânimo e falta de vida sobre as coisas de Deus. Há oração pessoal e comunitária, *mais por obrigação do que por opção de amor*. Começa a predominar certa ilusão sobre a vocação da vida consagrada, e as tentações de desistir aumentam. O Religioso não procura direção espiritual nesse momento crítico de sua vocação. Perde a confiança de que Deus pode e quer curar essa doença de anemia espiritual individual e comunitariamente. A anemia, se não é curada, leva para séria doença espiritual e vocacional.

> Sem uma profunda vida interior, não podemos ir muito longe, nem na experiência de Deus, que nos atrai, nem na radicalidade do seguimento de seu Filho, nem na vivência dos votos, nem na vida comunitária, na oração e no ministério apostólico (...) sem interioridade, Deus parece estar distante, Jesus permanece no passado, o Evangelho torna-se lei ... a liturgia vira ritualismo (Pe. Adroaldo Palaoro, SJ, Convergência – julho e agosto, 2018, p. 56).

Essa anemia também começa a ter efeitos tristes na vivência comunitária. O dever evangélico da paciência com as limitações dos coirmãos começa a diminuir. O perdão torna-se mais uma teoria do que uma prática necessária na vivência comunitária. Há, por opção, ausência mais evidente da comunidade, e, de repente, a comunidade religiosa torna-se algo secundário. A anemia espiritual causa uma evidente falta de profecia, porque é difícil esconder essa doença espiritual dos outros dentro ou fora da comunidade.

Outra manifestação dessa anemia, que já vimos, é um afastamento dos Sacramentos que precisam alimentar nossa consagração. Os sacramentos da Eucaristia e da Reconciliação são cada vez menos procurados. A Eucaristia ainda existe, mas sem procurar, realmente, celebrar o amor de Deus por nós e de nós por Ele. Torna-se rotina. Se puder achar uma desculpa qualquer para não ir à Missa, o consagrado usará essa desculpa, sem admitir que trata-se, na verdade, de uma opção. Muitos religiosos não procuram com verdade, de certa frequência a celebração do Sacramento de Reconciliação, em que Deus não somente perdoa os pecados, mas fornece toda a graça de reconciliação diante das promessas da consagração. Esse Sacramento não só perdoa, mas cura. E, sem esse "remédio", a anemia só piora, porque fugimos do encontro honesto com nós mesmos e distanciamos mais ainda de Deus, fonte de perdão e reconciliação.

A cura dessa doença espiritual acontece somente se assumirmos a conversão e um querer viver nossa consagração, que exige opções concretas de conversão evangélica, de uma forma efetiva e real. Em toda a Bíblia, a dinâmica de Deus sempre foi a mesma: deixe seus ídolos e simplesmente volte para Mim. Eis o remédio para a anemia espiritual: *deixar para voltar.*

Terminamos este capítulo com a esperança de que, ao menos, possamos perceber que alguns desses retrocessos de fato existem em nossa vida pessoal ou comunitária. Quem causa essa insatisfação, com relação à incoerência na vivência autêntica de nossa vida consagrada, diante da Igreja e do mundo, é o Espírito Santo. *O Espírito causa essa insatisfação não para condenar, mas para nos chamar à conversão.* Sem conversão não há profecia na vida consagrada. Sem conversão perdemos nosso sentido e nossa identidade dentro do contexto da Igreja. O começo de retomar nossa identidade e profetizar isso na Igreja é a necessidade da *pobreza de espírito*, em que descobrimos que precisamos da ajuda, do apoio do próprio Espírito Santo e do bom exemplo de nossos coirmãos. Sem a pobreza espiritual, buscando a ajuda do Espírito e da comunidade, não haverá a conversão necessária e autêntica. Venha, Espírito Santo! Assim, descobriremos que o grande desafio da Vida Religiosa Consagrada, diante deste mundo contemporâneo, em profundas mudanças, está na retomada da experiência originária de consagração, visando à recuperação do encantamento e da atração pelo Mestre Jesus e pelos caminhos que exige seu seguimento. Deste modo, a ressignificação da Vida Consagrada acontecerá, primeiramente, pela recuperação da espiritualidade, como forma de reencontrar as próprias raízes e garantir novos caminhos para o futuro.

Perguntas para partilha comunitária

1. Você sente, em sua vida consagrada, um ativismo sem freios? Como resolver esse retrocesso? Como pode achar tempo, com qualidade, para Deus e para a vivência comunitária?

2. Quais seriam as causas da falta de pertença e de desistências em sua Congregação ou Ordem? O assunto foi confrontado ou não em Assembleias ou Capítulos Provinciais?

3. Como foi o processo de refundação em sua Congregação ou Ordem? Houve avanços ou retrocessos? Houve tentativas de refundar o começo carismático do fundador?

4. Você sente que existe "anemia espiritual" em sua vida e na vida da comunidade? Como resolver isso para reanimar o "fogo inicial" de sua vocação de consagração?

5. Há um programa sério de formação permanente nos conceitos básicos da vida consagrada? Como promover essa formação na comunidade e na Província?

3 CAMINHOS DE CONVERSÃO

Foi trilhando esta linha de pesquisa que identificamos a evolução da Vida Religiosa consagrada e sua significação nos tempos atuais. Verificamos que de fato a Vida Religiosa, desafiada pelo contexto cultural e eclesial do Concílio Vaticano II, está percorrendo um caminho que tem por objetivo a desconstrução de um "modelo tradicional" para um resgate do que há de original em cada experiência fundante. Foram mudanças necessárias para que ela se abra ao mundo e garanta o diálogo com a mentalidade moderna (Frei José Carlos Correia Paz, Instituto Teológico Franciscano, Petrópolis, RJ, http:// franciscanotstor.org.br/).

As soluções apresentadas para a renovação autêntica da VRC apontam o rompimento com o passado, visando criar um novo presente. Identificamos nesta reflexão que o mundo moderno com que o Concílio Vaticano II dialogou não existe mais. Portanto, não se busca mais uma refundação da VRC e sim uma "mutação" substancial. Para isso é preciso compreender que pessoas, gerações e instituições que já cumpriram sua missão aceitem e aprendam a arte de morrer, ou seja, tenham coragem de abandonar o que está já afundando. Como também se deve aprender a arte de viver, migrar para o futuro e nascer para uma vida nova (Resumo do Trabalho de Conclusão de Curso da Faculdade de Teologia, na Pontifícia Universidade Católica de Campinas, apresentado em 2016, tendo como título original: A crise na identidade e missão da Vida Religiosa Consagrada diante dos desafios de nosso tempo na América Latina e Caribe).

O Concílio Vaticano II nos ensinou, aos religiosos e às religiosas, duas coisas inesquecíveis: a) a norma última e a regra suprema da VRC é o seguimento de Cristo proposto no Evangelho; b) o necessário aggiornamento (atualização) ou conveniente adaptação às novas condições dos tempos se deve realizar de acordo com a índole e função particular (o carisma próprio) de cada Instituto. Por isso, é necessário conhecer e conservar fielmente "o espírito dos fundadores, a finalidade do Instituto e suas 'sãs tradições'", todo o qual constitui o patrimônio de cada Instituto que enriquece a Igreja (Pe. Luís Quevedo, SJ, *Convergência*, Julho, 2018, p. 48).

Percebemos nessas citações que há dois passos que nós, religiosos, precisamos tomar para eliminarmos a crise de identidade na vida consagrada, sofrida mundialmente. Também precisamos fortalecer todos os avanços por meio de uma formação permanente, efetiva, que exige a conversão. Sem conversão individual e grupal esses passos simplesmente não acontecerão.

Primeiro, precisamos buscar a "desconstrução de um 'modelo tradicional'" (monástica) e buscar uma "mutação substancial", que talvez seja o processo mais difícil. Mudar, para deixar para trás estruturas que não falam mais para essa nova geração de consagrados, não é uma tarefa fácil e encontra muitas resistências ou muita acomodação. Há a necessidade de deixar certos modelos "monásticos", que foram impostos por séculos sobre a vida consagrada apostólica, mas que não servem mais para nossas congregações ativas e apostólicas. Esse processo, até doloroso, não seria tão fácil como parece. Exige muita honestidade e coragem para assumir a *desconstrução ou mutação substancial* da vida consagrada, segundo os apelos do Concílio Vaticano II e os documentos CELAM, CLAR e CRB. É uma questão do mistério pascal, isto é, *morrer para ressurgir*. O segundo passo é "resgatar" a experiência fundante de nossos fundadores com roupa nova para iluminar e incentivar as mudanças necessárias, para falar mais profeticamente a nosso mundo pós-moderno e secularizado e para animar e formar nossos formandos. Isso exige muita oração, honestidade e coragem para colocarmos nossos esforços nos desafios, para assumir e realizar as mudanças necessárias. Assim, consideramos que o grande desafio da Vida Religiosa Consagrada, diante do mundo contemporâneo, está na retomada da experiência fundante da vida consagrada, buscando a recuperação do encantamento e atração pelo seguimento de Jesus, que precisa estar no centro de qualquer processo de refundação. Desse modo, o sentido e a reforma da vida consagrada acontecerão, primeiramente, pela espiritualidade como forma de reencontrar nossas próprias raízes e garantir novos caminhos para o futuro. As duas pistas seriam o seguimento de Jesus Cristo e a volta para reanimar a intenção original de nossos Fundadores.

Como sempre, haverá, da parte de alguns, resistências para assumir as mudanças discernidas pela participação de todos. "Sempre foi feito assim" foi e continua sendo uma reação negativa, para impedir o andamento do processo de conversão, a busca das novas maneiras de viver o espírito do fundador e os conceitos particulares de consagração religiosa. Chegou o momento em que, embora respeitando essas pessoas e suas resistências (que historicamente sempre existiram na vida religiosa), não podemos desistir, devemos buscar, crescer e assumir o processo que dá vida nova e profética a nossas Congregações e Ordens. Precisamos de coragem para assumir a conversão individual e comunitariamente.

Este capítulo terá por finalidade apresentar algumas pistas para reformular nossa identidade religiosa neste mundo, com necessidade urgente de profecia evangélica. Vamos tentar fortalecer os avanços que vimos no primeiro capítulo, para reduzir os efeitos negativos dos retrocessos do segundo capítulo. Que confiemos que Deus está sempre a nosso lado, chamando-nos à conversão libertadora, e que Maria, Mãe dos Religiosos, sempre interceda por todos nós em nossas buscas de maior fidelidade a nossa vocação religiosa e identidade específica na Igreja.

1. Problema de ativismo e espiritualidade

Não há dúvida de que há, às vezes, um excesso de atividades que impede, sobretudo, uma maior intimidade com Deus, que nos convidou a viver, vocacionalmente, a consagração religiosa. A consagração, no fundo, é um convite para ter *intimidade com Deus*, que chama, e o Religioso que responde, cultivando meios para ser íntimo de Deus. Só que intimidade, em qualquer relacionamento, exige um tempo de qualidade. Sem momentos de qualidade, a amizade entre Deus e seu consagrado começa a esfriar.

Eis a primeira conversão necessária. Nós, religiosos, mais do que nunca, neste mundo que valoriza somente ação e produção, precisamos, com *prioridade, ter um tempo de qualidade para viver o amor de Deus por nós e nosso amor a Deus.* Há mil coisas para fazer, mas o mais necessário é que tal intimidade com Deus dará sentido para as outras mil coisas. Sem intimidade, as coisas são feitas sem uma motivação espiritual e sem primeiro serem tocadas pela presença e força do amor de Deus. A intimidade abre o caminho para sermos, verdadeiramente, amados por Deus; ela *vem primeiro*, e só depois nossos serviços abençoados pela experiência do amor de Deus. Essa foi a verdade demonstrada em toda a Bíblia. Deus primeiro chamou Abraão, Moisés, os Profetas e, finalmente, seu próprio Filho encarnado para buscarem primeiro a oração e só depois cumprirem uma missão. "Um dia, em certo lugar, estava Jesus a rezar" (Lc 11,1). "Em um daqueles dias, Jesus saiu para o monte, a fim de orar, e passou a noite orando a Deus" (Lc 6,12). Entre as características da vida religiosa, desde o começo do movimento, no século quatro, a finalidade principal foi a busca intensa de Deus. E é nessa busca de intimidade com Deus que os religiosos recebem o estímulo para amar ao próximo, segundo o carisma de sua Congregação ou Ordem. Sem essa intimidade com Deus, por meio da oração e da Liturgia, nós perdemos nosso fundamento, nossa identidade na Igreja e nossas atividades apostólicas (carisma), e faltam a profecia e autenticidade, que tocam no coração do povo de Deus. Então, a primeira conversão de que precisamos é a disciplina de um encontro pessoal com Deus na oração "eu e tu", oração de amor mútuo, oração que cria e incentiva compromisso e missão na Igreja.

Infelizmente, julgamos que a contemplação é um dom extraordinário de Deus, dado a poucos místicos e reservado somente para a vocação monástica. Mas, pelo batismo, todos nós recebemos o dom da contemplação, cuja finalidade é buscar intimidade com Deus e a de Deus conosco. A contemplação fala de intimidade mútua entre Deus e seu consagrado. Ela é um dom universal de Deus e parte integral da criação. Desde o começo, Deus falou com Adão e Eva, "face a face", sobre o que significava o dom da contemplação e da intimidade mútua. Felizmente, com o pecado original, esse dom de intimidade não foi tirado por Deus, mas, de fato, fez o processo de intimidade mais difícil, exigindo disciplina, muita humildade e busca. É dom, e precisamos ir à fonte do dom: Deus, que, mais do que nós religiosos, quer nos amar no concreto de vida. Toda contemplação começa no coração de Deus.

A maioria dos consagrados foi ensinada a rezar a oração da *meditação*, que usa muito a cabeça. Pensamos *sobre Deus* e, no processo, não necessariamente *falamos com Ele*. Às vezes, a oração é fria e não toca no coração, incentivando a intimidade mútua. O maior perigo da meditação é nos colocarmos no centro da oração e Deus ficar na periferia, mais como uma ideia do que como uma pessoa que quer amar e ser amada. Na meditação, ficamos no controle, e não, necessariamente, deixamos o Espírito Santo nos dirigir e nos amar como Ele tanto quer.

No processo, possivelmente, forçamos nossa imagem errada e nossos preconceitos de Deus e não permitimos que Deus se revele a nós como Ele quer e como Ele é. Deus é amor. Anselmo Grün descreveu esse problema da meditação assim:

> Porque por natureza nós queremos fixar-nos em nós, e preferimos usar como instrumento de nossa perfeição em lugar de entregar-nos a ele com nossas imperfeições. Nós atribuímos demasiada importância a nós mesmos, a nossas ideias e nossos sentimentos, a nossas preocupações e nossos problemas, e custa-nos deixar que Deus entre em contato íntimo conosco, que só ele passe a ter importância (Anselmo Grün, *As Exigências do Silêncio*, p. 52).

E, finalmente, a oração da meditação é boa e necessária para chegar até a contemplação, mas, para quem quer progredir na intimidade com Cristo e seu discipulado, a meditação não é suficiente. *Não sustenta uma vida de intimidade nem de consagração.* Precisamos buscar viver o dom universal de Deus de contemplação e de intimidade. Afastamo-nos demais desse dom da vida consagrada com nosso ativismo exagerado e com nossas constantes distrações. É difícil ter um relacionamento íntimo com Deus quando, poucas vezes, ficamos de verdade em sua presença. Não há tempo honesto, doença moderna na vida consagrada e sinal de anemia espiritual, para cultivar a intimidade com Deus. Enfim, meditação precisa passar para o nível mais profundo de contemplação. Deus não quer superficialidade de amor com seus consagrados.

A oração da contemplação nas palavras de Santo Afonso de Ligório é simplesmente "uma conversa amigável entre duas pessoas apaixonadas". Na contemplação, *Deus está no meio da oração* e não nós mesmos. Ele nunca está fechado em si mesmo e nos convida a entrarmos em seu interior, para experimentarmos seu amor incondicional. Deus, Pai, Filho e Espírito Santo nos convidam, na contemplação, a *conhecer* sua pessoa, *experimentar* seu amor e sua misericórdia e também a *responder* para esse seu amor. Em outras palavras simples, "uma conversa amigável entre duas pessoas apaixonadas". A contemplação é uma palavra que em si significa "dar um olhar profundo". Deus nos convida a contemplar seu interior, deixando que Ele nos contemple em nossa totalidade santa e pecadora. É uma troca de olhares de todo o nosso ser e agir. É diálogo amoroso simples. Assim, finalmente, começamos a descobrir que Deus nunca muda. Ele *é sempre amor*. Estejamos em graça ou em pecado, Deus é sempre o mesmo, acolhe-nos como somos e nos convida a celebrar seu amor e sua misericórdia. É também na intimidade que nos convida a assumir a *conversão* em nossa pessoa consagrada a Ele, não como uma obrigação ou lei, mas como uma resposta de amor para Aquele que nos amou primeiro. Isto é contemplação: amor mútuo: dar e receber amor. É simples como Deus é simples.

    Como podemos contemplar? Primeiro, precisamos de momentos de silêncio. Somente o silêncio nos dá a possibilidade de iniciar uma passagem para dentro de nós mesmos, onde podemos encontrar-nos com Deus. *Somos templos de Deus, que está sempre em nós.* Sem silêncio não há a possibilidade de busca de Deus e de intimidade. O silêncio quebra nossa insensibilidade para captar a presença de Deus em nós e a nosso redor. E o grande problema moderno é a falta de silêncio. O ativismo exagerado (o retrocesso) não nos fornece a possibilidade de pararmos e fazermos a viagem para dentro de nós, para iniciarmos essa conversa amigável. O silêncio precisa ser uma prioridade em nossa vida consagrada. E nossas distrações diárias não permitem que paremos para rezar; às vezes, optamos por ficar somente na meditação intelectual, que não leva à intimidade nem à conversão no ser amoroso de Deus. A vivência da consagração não pode ser baseada somente em crenças intelectuais. A consagração autêntica e transformadora acontece pela experiência e prática da contemplação, em que inteligência, corpo e coração são abertos para acolher a presença de Deus, que existe sempre em nós e em tudo que nos cerca. O silêncio fornece a possibilidade de quebrar nossa insensibilidade para enxergar e celebrar Deus em nós e a nosso redor. Deus está sempre presente, falta pararmos para acolher e celebrar essa presença.

Eis o desafio moderno: determinar, cada dia, um tempo honesto para estarmos sozinhos com aquele para quem, livremente, consagramos nossa vida. Isso é uma prioridade absoluta no processo de refundar nossa vida consagrada. E prioridade significa a necessidade de colocar, proposital e livremente, outras coisas em segundo lugar. O elemento de constância também é essencial. É reservar, diariamente, esse tempo de amor mútuo entre Deus e seu consagrado. Claro que haverá dias em que esse tempo será impossível. Mas, se passarmos vários dias sem pararmos para esse diálogo amoroso, então nossos esforços terminarão em desilusão, e, logo, desistiremos de procurar esse tempo. As desilusões e distrações tomarão o espaço da conversa amigável entre dois amigos apaixonados.

Uma maneira fácil de contemplar é usar a Bíblia, especialmente contemplando a *pessoa humana* de Jesus nos Evangelhos e nas cartas do Novo Testamento. Jesus é o caminho para podermos entrar e conhecer a pessoa de Deus Pai. Jesus é o Verbo, que saiu do interior do Pai. Ele revela o Pai em tudo que ele viveu. "Quem me vê vê o Pai", disse Jesus. Jesus humano é a revelação do Pai (Jo 14,5).

O primeiro conselho é ler o texto bíblico *devagar* – como é difícil seguir essa sugestão em um mundo frenético, que só quer resultados imediatos –, saborear cada palavra e prestar atenção especial aos verbos, que são uma entrada para descobrir o ser e o agir de Deus, o interior de Deus. A primeira parte da contemplação é a meditação, em que usamos mais a cabeça. Prestamos e damos atenção para tudo que Cristo humano *falou e fez*. Depois entramos no interior de Cristo para descobrirmos o rosto e o coração do Pai. Iniciamos na oração com Cristo humano observando seu ser e agir, mas depois terminamos sempre na pessoa do Pai. Toda a espiritualidade de Cristo foi *Pai-cêntrica,* que nós, religiosos, precisamos aprender a imitar.

Em um momento, paramos de usar a cabeça (meditação) e começamos a usar o coração, finalmente, *deixando que Deus fale e faça a mesma coisa conosco.* Assim, deixamos que Deus seja Deus conosco. Isso é contemplação em palavras simples. E todos nós recebemos esse dom de contemplação no batismo, para podermos ter intimidade com Deus e Deus conosco. Deus quer falar conosco "face a face"; esse foi seu plano de amor desde o começo da criação (Gênesis).

Podemos sempre usar o gráfico abaixo como ajuda quando contemplamos. Prestemos atenção no texto bíblico, em que Deus se revela por meio de suas palavras, ações e seus gestos. O primeiro momento é a meditação – usamos a "cabeça" pensando sobre essas palavras e esses gestos. Tentemos reviver o cenário apresentado no texto. Depois paremos de usar a cabeça e entremos em diálogo amoroso com Deus, deixando que Ele fale e faça a mesma coisa *conosco*. É um diálogo entre dois corações apaixonados. E, no fim, Jesus revelará a nós seu Pai, por meio de suas palavras e ações.

**Deixemos que Deus fale e faça a mesma coisa conosco
Deixemos que Deus seja Deus conosco**

Como podemos contemplar? Quando buscamos a oração da contemplação, devemos buscar "nosso lugar santo", onde mais nos sentimos em paz. Precisamos "ir à montanha" para estarmos sozinhos com Deus. Nessa questão, cada um é diferente. Alguns acham seu lugar santo diante do Santíssimo, alguns no quarto, alguns na natureza. O lugar santo é aquele que mais nos ajuda a ficarmos em contato conosco e depois com Deus. "Ir à montanha" é o trabalho de nos livrarmos de todas as nossas distrações. É o momento de fazermos uma opção por buscar Deus, seu amor e sua misericórdia.

O elemento do silêncio é necessário para iniciar a viagem para dentro de nós, dentro de nosso templo, a fim de ficarmos em contato íntimo com Deus e Deus conosco. Deus já está lá nos esperando, precisamos, corajosamente, deixar de lado nossas distrações, que não nos permitem ter intimidade com Deus e Deus conosco. Acolhemos os próprios conselhos de Jesus sobre oração:

> Ao contrário, quando rezar, entre em seu quarto, feche a porta e reze a seu Pai ocultamente, e seu Pai, que vê o escondido, recompensará você. Quando rezarem, não usem muitas palavras (...) porque o Pai de vocês sabe do que é que vocês precisam, ainda antes que vocês façam o pedido. Vocês devem rezar assim: Pai nosso... (Mt 6,6-9).

"Fechar a porta" indica a necessidade de tirar, com calma, todas as distrações de nosso coração e de nossa cabeça, para podermos colocar Deus no meio da oração. É difícil rezar quando as distrações tomam o lugar principal em nosso coração. Conseguindo a paz interior, podemos passar para *ler devagar* algum texto bíblico prestando atenção no que Deus (Cristo humano) fala e faz, incluindo seus gestos. Estamos na fase da meditação usando a cabeça, observando a fala e o fazer de Deus. Estamos revivendo a situação e o cenário das personagens no texto. Mas, em um momento, paramos de usar a cabeça e iniciamos a contemplação, unindo nosso coração com o coração de Deus. Começa o diálogo entre "duas pessoas apaixonadas" (Santo Afonso). Deixemos que Deus *fale e faça a mesma coisa conosco*. Deus é amor e quer nos amar no concreto da vida como santos e como pecadores. Deus não julga, ele ama, perdoa e nos chama à conversão em seu ser e em seu agir.

E, diante dessa união de amor mútuo, é possível que Deus apresente um apelo de conversão a uma área de nossa vida. Isso é o momento de responder por amor ao amor de Deus, assumindo seus apelos de conversão e buscando realizá-los.

> Os que professam os conselhos evangélicos, busquem e amem antes de tudo a Deus, que primeiro nos amou (cf. 1Jo 4,10), e procurem em todas as circunstâncias cultivar a vida escondida com Cristo em Deus (cf. Cl 3,3), da qual dimana e se estimula o amor do próximo para a salvação do mundo e edificação da Igreja. É também esta caridade que anima e rege a prática dos conselhos evangélicos (Doc. Vat. II, *Perfectae Caritatis,* n. 6).

Mais uma vez a contemplação é simples como Deus em Cristo humano foi simples. O segredo é a coragem para buscar sermos fiéis na oração da contemplação. Cada um é capaz de achar um tempo *diariamente*, mas isso exige opção honesta diante de nossas distrações e desculpas de "não houve tempo". Não ter tempo é, infelizmente, uma opção que, honestamente, precisamos reconhecer para poder entrar na conversão. Quem busca esse encontro de amor vai achar nova vida, sentido e ânimo em sua consagração. Vai descobrir que Deus nunca muda e nos ama com o mesmo amor apaixonante de sempre. Não foi Deus que esfriou em seu amor, fomos nós. E Deus, em toda a Bíblia, aconselha somente uma coisa: volte! "Voltem para mim de todo o coração" (Jo 2,12).

2. Vida comunitária

Vimos no retrocesso sobre a vida em comunidade, que tem sofrido muito nos últimos tempos. Precisamos urgentemente reformular as partes essenciais da vida comunitária dentro do contexto da vida consagrada. A vida religiosa é *intrinsecamente comunitária*, mas ela não existe para fornecer uma família substituta, terapia psicológica nem apoio e conforto contínuo de seus membros. Deve ser uma comunidade de pessoas emocionalmente maduras, adultas, independentes e *interdependentes* que buscam Deus, interiormente, e buscam servir seu próximo por meio de seu carisma. Eis a finalidade da comunidade: buscar Deus em comum e, depois, sair da comunidade para servir aos mais necessitados. Os dois, busca de Deus e serviço fora, são feitos no contexto comunitário. A comunidade nos ajuda a viver nosso compromisso da consagração e deve ser uma fonte importante para promover fidelidade mútua. Precisamos uns dos outros na busca de fidelidade à consagração. Os Padres do Deserto logo perceberam isso e começaram a optar mais pela vida comunitária do que pela vida eremítica.

Uma definição teológica da vida comunitária religiosa seria:

> A vida comunitária, dentro do contexto da vida consagrada, é, ou melhor, quer ser uma realização histórica da comunhão Trinitária, vivida em livre fraternidade e em serviço da humanidade e do mundo.

Vamos tentar aprofundar essa definição.

1. Há muitos tipos de comunidade em nossa sociedade, começando com nossas próprias famílias. Mas o que faz a vida comunitária religiosa diferente é o elemento que é comum entre todos os membros, isto é, *a consagração religiosa*. O que nos une e nos fortalece é o fato de vivermos juntos na busca da fidelidade a nosso projeto comum de consagração. A consagração é, portanto, a força unitiva e o coração de uma comunidade religiosa. Não podemos nunca nos esquecer disso. A fidelidade, na consagração, é também o ponto de saída de qualquer revisão de vida de nossas comunidades religiosas. A questão básica é: nossa comunidade está fornecendo meios para animar nossa consagração mútua ou não? Sem esse questionamento podemos perder totalmente o fim de vivermos juntos em

comunidade. Foi a inspiração de São Pacômio, no fim do século quatro, que introduziu a vida cenobítica, ao invés da vida anacorética. Ele concluiu por si e por muitos consagrados que a fidelidade, na vivência de consagração, vem somente por meio do apoio mútuo, por meio de uma vida comunitária.

2. Qualquer comunidade religiosa está, por natureza, sempre em processo de crescimento. *Ela nunca é perfeita*. De fato, o que todos os membros precisam assumir, com tranquilidade e realidade, é que a comunidade religiosa é imperfeita, porque os próprios membros consagrados são imperfeitos. Por isso a definição enfatiza "quer ser". A vida comunitária sempre está em processo. Nunca podemos dizer que chegamos à perfeição humana na vivência de nossa consagração. Os membros são santos, mas também são pecadores e, assim, automaticamente, vão ofender uns aos outros. Quem não assume essa realidade de imperfeição prepara para si uma vida de desilusão e, pior, sofrimento, por procurar viver "em uma comunidade perfeita" que não existe. Cada religioso precisa iniciar, assumindo sua própria imperfeição e acolhendo a imperfeição dos outros membros de sua comunidade. É assumir a realidade de altos e baixos na vivência comunitária, acolher o outro e perdoar ao outro.

3. E essa comunidade, em processo sincero de buscar a vivência de consagração, quer ser uma realização profética do amor Trinitário. *Eis o coração da definição*. O centro, o ânimo e até o desafio da comunidade religiosa tem de ser o amor e a prática do amor. O Pai ama o Filho, e o

Filho, em reposta, ama o Pai. Esse amor mútuo é a ação do Espírito Santo, e os membros de uma comunidade religiosa querem ser um sinal visível e profético desse amor Trinitário, uma profecia de amor comunitário ao mundo, que está isento de sinais de amor fraterno. E o amor Trinitário é baseado na capacidade de sair de si para doar-se aos outros membros da Trindade. O Pai esvazia-se no Filho, o Filho esvazia-se no Espírito e o Espírito esvazia-se no Pai. Santo Agostinho descreveu a Trindade assim: "Deus (PAI) é o amante = O Verbo (FILHO) é o amado e O ESPÍRITO SANTO é o amor". O amor é doar-se livremente, esvaziar-se em favor dos outros membros da comunidade. O amor verdadeiro é o coração da comunidade religiosa e também seu desafio.

Mas a profecia comunitária desse amor a Deus e aos coirmãos, em um mundo tão sofrido e ferido pela falta de fraternidade, precisa ser visível entre os membros. A comunidade religiosa tem de profetizar que pessoas tão diferentes, com dons e talentos tão diferentes e imperfeitas, são capazes de viver juntas em fraternidade e no amor. A fraternidade é possível. Ela é nossa profecia neste mundo isento de amor. E a comunidade deve ser, portanto, uma continuação profética do amor Trinitário no meio do mundo, que, cada vez mais, está destruindo a realidade de viver em comunidade fraterna. E é essa vivência de amor que precisa ser questionada em cada comunidade religiosa. É trabalho – é processo – é desafiante – é libertador – é profética.

4. Ninguém pode forçar a fraternidade e o amor entre os membros de uma comunidade. *Precisa ser*

uma opção livre. Normalmente, na vida comunitária religiosa, nós, religiosos, não escolhemos com quem vamos conviver. São os Provinciais e seus Conselhos que determinam isso. Claro que, hoje em dia, há mais consultas anteriores sobre onde e com quem vamos viver nossa consagração religiosa. Mas, uma vez determinado, cada membro de uma comunidade religiosa tem de fazer uma decisão livre para acolher, amar e ajudar todos com quem vai conviver, buscando juntos a fidelidade em sua consagração, e, por sua vez, e espera que os outros membros da comunidade ofereçam a ele o mesmo amor e apoio. Isso não é tão fácil como parece. Sendo imperfeitos, alguns membros carregam mágoas, julgamentos e preconceitos com relação a certos coirmãos do passado, que, de repente, estão na mesma comunidade. Nesse momento, é preciso ter a maturidade e, sobretudo, a espiritualidade para tentar acolher, e o mais desafiante, amar essas pessoas e perdoar-lhes. Isso é viver em fraternidade livre.

5. E, finalmente, essa comunidade que apoia uns aos outros na fidelidade de consagração não pode fechar-se em si mesma. Uma comunidade religiosa precisa sair de si para servir a todos, sobretudo os pobres. Para os religiosos de vida ativa, a ação apostólica não pode ser considerada como algo secundário: "Toda a vida religiosa de seus membros há de estar saturada do espírito apostólico, e toda a ação apostólica informada do espírito religioso" (Doc. *Perfectae Caritatis,* n. 8). O apelo é ser uma continuação da comunidade Trinitária, que saiu de si para criar (o Pai), que se encarnou para nos salvar (o Filho) e está

sempre entre nós para nos santificar (o Espírito Santo). Portanto, a comunidade religiosa integra a própria natureza da Trindade na vida religiosa, expressando o amor por meio de serviços assumidos individual e comunitariamente. O serviço apostólico na vida consagrada é uma profecia do amor Trinitário.

Aqui entra também o carisma de cada Congregação ou Ordem. Nossos serviços são específicos, segundo nossos carismas fundacionais. E o que dá força e ânimo para esses serviços carismáticos é a ajuda participativa da comunidade. Cada um faz sua parte, segundo seus dons e talentos, pois o fim é seguir Cristo Servo, que lavou os pés de seus irmãos. A inspiração e a eficácia dos serviços nascem primeiro da vivência comunitária e na volta desses serviços para uma comunidade que deve fomentar e animar o amor fraterno entre todos os membros. Não pode haver um sem o outro.

> Em comunhão com os Pastores, os consagrados e as consagradas são chamados a fazer de seus lugares de presença, de sua vida fraterna em comunhão e de suas obras lugares de anúncio explícito do Evangelho, principalmente aos mais pobres, como tem sido em nosso continente desde o início da evangelização (Doc. Aparecida, n. 217).

Mas, se não existe o amor fraterno na comunidade, nossos serviços apostólicos ficam prejudicados e, pior, nossa profecia diante do povo de Deus também. Sem amor na comunidade, nossos serviços tornam-se uma obrigação, são feitos sem amor, sem doação de si mesmo, sem ânimo e entusiasmo. E assim falta a profecia do amor Trinitário. Os grandes questionamentos das Conferências dos Bispos (CELAM) é que nós, religiosos, precisamos relembrar que a grande maioria de nossos carismas congregacionais fala dos mais pobres no exercício de nossos serviços na Igreja e também na plena participação das diretrizes das Dioceses. Isso somente pode acontecer por meio do consentimento e da vivência de todos os membros da comunidade. Esse, sem dúvida, é o caminho para nossa conversão individual e comunitária. A comunidade inspira o apostolado, e o apostolado inspira a consagração vivida em comunidade.

Há certas características espirituais e psicológicas que nós precisamos viver e profetizar para nosso mundo, que enfraqueceu a noção e a prática de fraternidade. Desde o começo da vida consagrada como um movimento no século quatro, essas características foram uma profecia que soaram como anúncio e denúncia no mundo secular e na própria Igreja. "A multidão dos fiéis era um só coração e uma só alma" (At 4,12) refletiu por séculos a vida comunitária da vida religiosa. Foi e continua sendo anúncio e denúncia. O documento de Puebla disse sobre a vida em comunidade que:

> Busca-se dar ênfase às relações fraternas interpessoais, nas quais se valoriza a amizade, a sinceridade, a maturidade, como base humana indispensável para a convivência; numa dimensão de fé, pois quem chama é o Senhor; num estilo de vida mais simples e acolhedor; com diálogo e participação (Doc. *Puebla*, sobre a vida fraterna).

A primeira característica da vida comunitária na vida consagrada é que os membros precisam ser *acolhedores uns dos outros*. Isso significa o desejo e, às vezes, o trabalho duro de acolher *a totalidade* de todos os membros da comunidade religiosa. Em primeiro lugar, precisamos acolher as coisas positivas em todos os nossos coirmãos, como seus dons, seus talentos, seu passado alegre e, finalmente, a apreciação de seus trabalhos dentro e fora da comunidade. Aqui, mais do que nunca, precisamos vigiar nós mesmos sobre o mal de inveja e de competição, acolher, dar graças a Deus e não destruir, por meio da inveja, o bom nome e talento do outro.

Acolher a totalidade significa também o processo de aceitar as coisas difíceis em cada membro da comunidade, pois cada coirmão tem defeitos, limitações, pecados, e fraquezas etc. Nem sempre sua história foi uma experiência positiva, e, assim, há efeitos negativos nele até hoje. Ser acolhedor, segundo o Evangelho, significa que não podemos somente acolher o que há de bom, devemos também acolher o difícil em cada membro da comunidade. Não podemos dividir nossos coirmãos, aceitando os bons e rejeitando os outros; precisamos acolher "o pacote todo", como Cristo, o Mestre, ensinou-nos, ao viver em seu Rabinato com os doze membros bons, mas imperfeitos, invejosos e até pecadores (traição/ negação). Significa uma opção espiritual importante, em que somos capazes de contemplar cada irmão e buscar ver nele o "rosto do Criador".

Todos, sem exceção, refletem o Criador de maneira singular, por isso devemos ter a paciência para buscar, apreciar, contemplar e acolher essa imagem em nosso irmão. Exige sinceridade buscar a imagem de Deus, especialmente naqueles por quem não sentimos muita simpatia natural. Não podemos nos concentrar no que é negativo e difícil. Não podemos desistir nas primeiras impressões ou, principalmente, nas ofensas. Precisamos, com a ajuda do Espírito Santo, pedir a graça de encarar nosso coirmão *como Deus o vê e o ama* e como Deus faz conosco. Isso é um grande desafio, neste mundo moderno, que nos leva a buscar poder, competição e querer ser melhor do que outro. A formação inicial precisa investir muito nesse assunto de aceitação da totalidade dos outros, oferecendo ajuda de psicólogos em sessões grupais, orientação pessoal ou direção espiritual.

É impressionante como a pós-modernidade facilitou e até encorajou a competição como algo normal, necessário e até valoroso em nossa vida. E, infelizmente, como aumentou esse elemento não evangélico em nossa vida comunitária consagrada! Não foi isso que Cristo viveu com a comunidade dos doze. O maior, segundo Jesus, é aquele que serve, que lava os pés de seus coirmãos. Seria errado pensar que a competição não existia na vida consagrada, mas ela aumentou muito nos últimos tempos, prejudicando a fraternidade. A competição é uma questão de poder mais do que ter o amor fraterno.

Ela também pode causar um sentimento de *ameaça em nosso coração*. Se o outro tem dons ou sucessos, começamos a encará-lo como uma *ameaça* em nossa vida. E, sendo ameaça, precisamos eliminá-lo, por causa da competição, destruindo-o por meio de condenação, julgamento de suas motivações, fofocas e calúnia, isto é, espalhando *mentiras* sobre nosso irmão. E com a facilidade da comunicação social, com celulares, no fim do dia, todos os membros da Província e, pior, alguns leigos, ficam sabendo dessa calúnia. Destruímos (*matamos*) o bom nome de nosso irmão simplesmente por causa da inveja, por não louvarmos a Deus pelos dons dele. Precisamos de muita coragem e honestidade para perceber que, às vezes, nós somos a causa da dificuldade no relacionamento e no acolhimento e não o outro. *Nós precisamos da conversão.*

Com tantas distrações em nossa vida comunitária, parece que não temos tempo para aprofundar nossas amizades com os membros de nossas comunidades. Às vezes, o relacionamento está reduzido somente a momentos ligeiros no almoço. Está faltando mais diálogo individual e comunitário, em que podemos falar de nossas dificuldades e nossos sucessos e buscar meios de fidelidade e conversão mútua na consagração. Precisamos assumir na pele a profunda realidade que sozinhos não podemos ser fiéis na consagração. Precisamos, para sermos profetas da fraternidade, achar meios de sentar e falar de nossa vida, com suas bênçãos e suas dificuldades. *Revisão de vida comunitária*, parte do passado da vida consagrada, não era somente sobre as faltas, mas também sobre as bênçãos que aconteciam na vida comunitária. Esse procedimento precisa ser redescoberto, reformulado e revalorizado. É uma fonte importante de conversão individual e comunitária.

A segunda característica de uma comunidade religiosa é que ela *seja "perdoante"*. Somos por natureza um grupo de "imperfeitos", vivendo em comunidade, buscando promover a fidelidade na consagração. Por causa disso nos reunimos para dar apoio mútuo na vivência radical da aliança de nosso batismo. *Mas, sendo imperfeitos, vamos ofender uns aos outros*. Essa é a realidade bruta da vida comunitária, da qual ninguém escapa, nem Cristo em seu Rabinato com os doze apóstolos. A comunidade de Jesus também foi imperfeita; nela houve ofensa, competição, negação de Cristo, traição.

A grande maioria das ofensas, na vida comunitária, não são grandes coisas, portanto são fáceis de perdoar, se houver generosidade, compreensão e amor no coração dos membros da comunidade. Exageramos demais em nossas ofensas, que causam, infelizmente, desunião e conflitos na comunidade. Quando as sofremos, precisamos nos confrontar no silêncio, diante do Senhor, especialmente diante do Santíssimo, para entender que elas não foram grandes coisas e que precisamos viver a caridade fraterna, dar perdão e, logo, buscar a reconciliação. É o caminho de paz comunitária e a vivência da grande mensagem de misericórdia do Evangelho.

Pode ser que haja uma ofensa maior e mais séria na história de nossa vivência comunitária. Como descrevemos, pode existir a calúnia. Quando o bom nome de alguém é destruído, não é tão fácil perdoar. É um processo, que vai exigir muita honestidade, diante de Deus, para viver o maior desafio do Pai-Nosso: "Pai, perdoai a nós assim como nós perdoamos aos que nos ofenderam". Temos todo o direto de "chorar" diante de Deus, por causa das ofensas recebidas, mas, no fim, temos de, como consagrados, dizer com paz e honestidade: "Pai, o que você quer que eu faça com Fulano que destruiu meu bom nome?" E no coração já sabemos a resposta de Deus: "Perdoa a essa pessoa, como eu perdoei a você". Seguindo Cristo Mestre na cruz, diante de uma situação de calúnia dos Sacerdotes e Fariseus e de uma condenação injusta, nós precisamos rezar: "Pai, perdoai-lhes".

O grande problema do perdão na comunidade é haver uma tendência humana de remoer demais ofensas até mesmo as pequenas. E, no processo de exagerar, distorcemos a realidade. Podemos chamar de o "problema do quilo". Vamos dizer que a ofensa recebida pesa somente um quilo. Mas, no processo de remoer demais, de repente a ofensa pesa dez, pois nove quilos foram inventados em nosso remoer. Não é a verdade? É fácil perdoar um quilo, mas é difícil perdoar dez. Como fomos nós que distorcemos a realidade, exagerando a falta, quem precisará da conversão *somos nós e não o outro*. Precisamos "perder nove quilos", para voltarmos a acolher a verdade, fácil de perdoar. Somente podemos fazer isso em oração honesta diante do Senhor, que nos chamará à conversão.

3. Vivência profética dos votos

Ninguém pode negar que a pós-modernidade teve efeitos negativos e positivos na vida consagrada, especialmente na vivência dos três votos. Positivamente, houve muita libertação no sentido e na vivência dos três votos.

Saímos de modelos ultrapassados para assumirmos modelos holísticos de cada voto. A vivência dos votos ficou mais humana, e isso ajudou imensamente a vida espiritual pessoal e a profecia de cada voto.

Mas, negativamente, a pós-modernidade introduziu, na vida consagrada, o princípio de secularização, que tirou o sentido evangélico e a prática profética desses votos, assim como o egocentrismo e o individualismo também o tiraram. Veremos alguns toques sobre cada voto, frisando mais o lado positivo, os quais vieram depois do Concílio Vaticano II e nos chamaram para a conversão profética.

3.1. Castidade

Antes do Vaticano II, de fato, existia somente *um modelo* que perdurou por vários séculos. Um modelo que reduziu a virtude da castidade para questões de virgindade, sexualidade genital, proibição de amizades mais profundas e proibição do casamento. Houve uma grande porção de leis para proteger esse modelo de virgindade, que fez sua vivência pesada e com ênfase a possíveis pecados contra a castidade. Tudo era pecado contra a castidade. Houve mais ênfase a que não poderia fazer do que ao que deveria ser feito. Foi uma visão de medo, suspeita de si mesmo e dos outros, medo e vergonha de sua própria sexualidade; isso, enfim, foi, profundamente, negativo e teve efeitos imensos em nosso caminho de intimidade com o próprio Deus. Nunca fomos ensinados a amar a Deus por meio de nossa sexualidade, que reflete o próprio Criador. Deus criou a sexualidade que reflete seu amor. Criou o homem e a mulher com suas respectivas sexualidades, e "viu que tudo era muito bom" (Gn capítulos 1-2).

Mudanças aconteceram para modificar essa visão negativa. Houve movimentos fora da Igreja que, eventualmente, influenciaram a prática da castidade dentro da vida consagrada. Realidades, como o movimento da revolução sexual (nos anos 70) e do movimento feminista (nos anos 80), as quais tiveram grandes efeitos também na vida consagrada, que foi, positivamente, influenciada por esses movimentos, sobretudo na visão e na prática da castidade. Esses acontecimentos tiraram os "tabus" sobre os assuntos de sexualidade. Finalmente, estes, antigamente proibidos, especialmente na formação inicial, ficaram abertos, fizeram-se necessários e começaram a ser tratados para formar religiosos adultos sobre a questão de sua sexualidade e o projeto evangélico do voto da castidade. Isso foi uma grande libertação. A realização moderna e psicológica da importância de sexualidade na vida humana e sua importância no crescimento afetivo, para formar amizades com pessoas do mesmo ou do outro sexo, levaram os religiosos a reconsiderarem ambos a teologia e a prática do celibato religioso, baseada não em medo, mas sim na vivência alegre e livre da aliança batismal com Deus e com o próximo. Descobrimos que sexualidade é um dom de Deus e que infiltra em tudo que somos e fazemos. Não era mais "algo sujo".

A razão do voto da castidade nos documentos do Concílio Vaticano II, finalmente, mudou a visão negativa da castidade para uma visão positiva. O Concílio Vaticano II, em *Perfectae Caritatis,* descreveu o voto da castidade como "um coração indiviso". O coração, um símbolo da capacidade de amar e ser amado, pelo voto da castidade, tornou-se indiviso no sentido de que essa capacidade para amar agora está orientada livremente para Deus de uma forma intensa. Essa razão está imersa no mistério da aliança do batismo, em que prometemos amar a Deus "de todo o nosso coração". A sexualidade fala de um amor radical a Deus. É uma renúncia alegre para que toda capacidade sexual seja orientada livremente para o amor a Deus. Fala de um amor exclusivo e apaixonante pela pessoa de Deus e de ser amado por Ele no concreto da vida. A prática de castidade não fala então do medo, nem de leis pesadas, mas sim do amor dado e recebido por meio da aliança batismal. Pela castidade e por opção livre, um religioso vive em e por Deus. Queremos amar a Deus "de todo o nosso coração", para fazer desse voto algo profundamente profético. O religioso "inflama seu coração" (palavras do Concílio Vaticano II) em um amor humano, sexuado, dirigido diretamente a Deus. É ficar apaixonado por Deus e deixar que Ele demonstre seu amor apaixonante a seu consagrado. Não podemos viver essa visão saudável e mística sem a necessidade do aspecto contemplativo da castidade. E aqui vem o questionamento em nossos tempos modernos – *o aspecto contemplativo*. Só o aprofundamento do amor mútuo entre Cristo e seu consagrado pode animar e incentivar esse voto. Precisa ser vivido esse amor mútuo entre Deus e seu consagrado. Mas o mundo moderno, com todas as suas atrações e distrações, afasta muitos religiosos do aspecto contemplativo desse voto.

O aspecto místico sobre o voto da castidade sofreu demais nos últimos tempos. O voto de castidade é um amor mútuo entre Cristo e seu consagrado. Se não experimentarmos, primeiramente, o amor apaixonante de Cristo por nós, será difícil buscar intimidade com Ele por meio de uma oração pessoal, sexuada e fogosa. Cristo quer amar seus consagrados não como se fosse uma ideia teológica, mas na vida concreta. Precisamos investir em momentos de amor mútuo diariamente. Deus nunca quis um relacionamento superficial com seus consagrados.

Os Padres do Deserto, falando da castidade, aproveitaram a imagem do profeta Oseias, que ilustrou para o povo desanimado no exílio como foi o amor de Deus para com eles. Ele usou a imagem do casamento para descrever a profundidade do amor mútuo entre Javé e seu povo. *Javé se casou com seu povo.* O povo de Deus foi sua esposa, que Ele amou e de quem nunca se esqueceu, mesmo no exílio e na escravidão. Teologicamente, na profissão religiosa, Deus se casa, misticamente, com seus consagrados. Isso é um símbolo do grau profundo de seu amor a nós e nós a Ele. Deus procura o bem do consagrado (Esposa) e o consagrado busca o bem de seu Deus (Marido). O voto de castidade fala de fidelidade mútua. Mais uma vez não podemos viver esse modelo do "casamento místico" sem o aspecto contemplativo da castidade. É para experimentar esse "amor louco de Deus" (Santo Afonso) por seus escolhidos consagrados que, em resposta, buscam amar a Deus "de todo o seu coração". O simbolismo de casamento místico fala de um amor mútuo – amando e sendo amado dos dois lados. Não leis, mas sim amor mútuo.

Finalmente, a vida religiosa deixou as ciências humanas entrarem em nossas reflexões e nossas práticas sobre a castidade. A ciência da psicologia nos ajudou a compreender e viver melhor nosso voto da castidade. Nós que fomos consagrados, antes do Vaticano II, com o velho modelo de castidade, finalmente, aprendemos que sexualidade não se limita somente a considerações genitais, de reprodução e de suspeito de nossa própria sexualidade. Ela é um dinamismo fantástico, que funciona vinte quatro horas por dia em nós. É o que nos faz humanos. A sexualidade é um fator principal que age em todos os relacionamentos humanos. É uma realidade rica dotada de muitas dimensões: genética, hormonal, biológica, afetiva e social. A sexualidade nos impulsiona em direção aos outros de diversos modos. O companheirismo, a fraternidade, a amizade, o amor, a intimidade e a sexualidade estão agindo no meio de todas as nossas realidades humanas.

O fator *genital* é apenas uma manifestação de sexualidade, que não pode ser reduzida somente à genitalidade nem ser desligada dela. A sexualidade é uma força construtiva de todas as pessoas gerando equilíbrio. A chave do voto da castidade é o apaixonar-se pessoalmente por Cristo. A beleza e a plenitude da vida consagrada dependem da *qualidade de nosso amor por Cristo*. É só o que pode nos defender dos altos e baixos do coração. E essa qualidade depende muito de nossa união contemplativa com a pessoa de Jesus.

> A chave (da castidade religiosa) é o apaixonar-se pessoalmente por Cristo. A beleza e a plenitude da vida consagrada dependem da qualidade de nosso amor por Cristo. É só o que pode nos defender dos altos e baixos do coração (Padre Raniero Cantalamessa).

O trabalho humano e duro é fazer uma *integração* ou uma orientação certa e equilibrada dessa sexualidade, para vivermos plenamente a castidade religiosa como um dom de si mesmo para ser uma verdadeira profecia. O fim da sexualidade é para poder amar a Deus e ao próximo de todo o nosso coração; isso inclui, necessariamente, a totalidade de nossa sexualidade, que tem ética e moralidade. A sexualidade não é nossa inimiga (velho modelo), mas nossa amiga para amar a Deus e ao próximo de todo o nosso coração. Aqui, mais do que nunca, neste mundo hedonista, onde tudo é válido na área de sexo genital, especialmente a pornografia na internet, a formação inicial precisa falar abertamente sobre esses aspectos de nossa sexualidade para vivermos a castidade consagrada com liberdade e alegria.

A formação inicial também precisa tocar no assunto da amizade na vida consagrada, seja amizade heterossexual ou homossexual. Não podemos mais ser silenciosos sobre esses assuntos de gênero sexual na vida consagrada. Falamos aqui da amizade e não da genitalidade que seria, automaticamente, contra o voto da castidade.

Quando o problema na amizade é nosso, isto é, que estamos querendo ir além de amizade para a prática da genitalidade, então há somente uma resposta: *nossa conversão séria*. O problema é nosso. O voto é nosso. A responsabilidade é nossa.

Quando o problema é do outro, há somente uma resposta: *confronto honesto e sério com essa pessoa* sobre o conteúdo e as obrigações de nosso voto da castidade.

A maior dificuldade é quando o problema é dos dois envolvidos. Essa situação é muito difícil, mas é possível *se os dois buscam ajuda e têm* o *desejo sério de conversão*. Os dois precisam de direção espiritual, uma boa confissão, um retiro sério de silêncio e uma oração aberta, em que poderão abrir seu coração a Jesus, pedindo ajuda, graça, para conhecerem e assumirem a vontade de Deus Pai nessa situação dolorosa. Embora essa situação seja difícil, com corresponsabilidade dos envolvidos, a solução é possível.

Voltamos a frisar a necessidade do aspecto espiritual desse voto. A castidade precisa de uma amizade profunda e mística com a pessoa humana e sexuada do Verbo Encarnado, Jesus Cristo, que também assumiu a sexualidade em sua encarnação. Ele é uma pessoa sexuada que ama e pode ser amado. O religioso moderno precisa, urgentemente, buscar essa amizade com Cristo, por meio da oração, da contemplação, que não pode ser entendida como se fosse um dom exclusivo dos místicos, mas um dom universal dado a todos os batizados. Mais uma vez, Deus não chamou seus consagrados para uma intimidade superficial. Ele quer e convoca seus consagrados para uma amizade não intelectual, que acontece amando e sendo amado.

O segundo aspecto espiritual é a necessidade de *ascese* para conhecer, acolher e orientar nossos desejos e nossas tendências sexuais, sejam elas heterossexuais ou homossexuais para o amor a Deus e a nosso próximo. Inclui também uma devoção "afetuosa" com a pessoa de Maria, uma mulher profundamente feminina e sexuada.

Todos os documentos frisam que, onde existe um verdadeiro sentido de fraternidade em uma comunidade religiosa, onde reinam amor, compreensão, acolhimento, respeito e sinais de amor autêntico, a vivência de castidade é sempre mais fácil. Mas, onde reinam desamor, falta de compreensão, julgamento, suspeita-se que a vivência da *castidade é muito difícil*. Eis o desafio: cultivar uma vida comunitária sadia e com amor. Somente a revisão de vida aberta e tranquila pode medir a "saúde de amor fraterno" em nossas comunidades. A profecia do voto da castidade começa "em casa" e exige esforços pessoais e comunitários.

As pessoas, discernindo uma vocação para o celibato consagrado, precisam enfrentar desafios nessa área que, hoje em dia, são mais explícitos do que no passado. A homossexualidade, que quase nunca foi mencionada na formação, agora é um assunto aberto. É de suprema importância que os religiosos consigam a autoaceitação e o autoconhecimento sobre sua orientação sexual e aprendam, explicitamente, o que é exigido como pessoas consagradas. Isto é, a mesma necessidade dos heterossexuais de abstinência sexual completa e perpétua. Irmã Schneiders, IHM, diz:

> Os candidatos (homossexuais) precisam ser ajudados a discernir se eles se sentem chamados à castidade para poderem viver em uma comunidade e trabalhar com pessoas atraentes de seu próprio sexo sem ficar envolvidos em um relacionamento exclusivo e genital. Eles têm de descobrir se podem ser realizados e achar realização afetiva em uma comunidade com pessoas do mesmo sexo. Não devem mais tolerar o silêncio sobre esse assunto tão importante (Irmã Schneider IHM, *Selling All*, tradução minha).

E padre Luís Corrêa Lima, SJ, relata-nos:

> O dom da vocação sacerdotal e religiosa consagrada, concedido por Deus no coração de alguns homens e algumas mulheres homossexuais, exige da Igreja maturidade, amplidão de horizontes para saber acolher e propor o devido caminho de formação. Só assim se pode conservar e desenvolver as condições para que produzam frutos maduros (...) Não se pode desprezar este dom divino, enterrando um tesouro (Pe. Luís Corrêa Lima, SJ, *Convergência*, dezembro 2017, p. 74).

3.2. Pobreza

Precisamos aprofundar o sentido evangélico da pobreza, para que possamos refletir melhor sobre esse voto e vivê-lo profeticamente neste mundo. Sem esse aprofundamento, nunca vamos entender o significado urgente desse voto em nosso continente pobre, por isso faltará nossa profecia. Mais do nunca precisamos mostrar para o mundo que vivemos *por opção outros valores evangélicos*. Existem contravalores evangélicos assumidos pelos religiosos e leigos.

> Outra provocação vem, hoje, de um materialismo ávido de riqueza, sem qualquer atenção pelas exigências e pelos sofrimentos dos mais débeis, nem consideração pelo próprio equilíbrio dos recursos naturais. A resposta da vida consagrada é dada pela profissão da pobreza evangélica, vivida sob diversas formas e acompanhada, muitas vezes, por um empenhamento ativo na promoção da solidariedade e da caridade (Doc. Vita Consecrata, n. 89).

No plano original, o Pai Criador saiu de si mesmo e por amor criou o cosmos. Mas logo Deus entregou todo o cosmos, como um dom à humanidade, para esta cuidar dele. Deus, nessa doação, já se mostrou pobre e casto. Sim, Deus é o primeiro pobre de fato e de espírito. Ele partilhou conosco o que era dele. E toda a natureza e todas as coisas materiais refletem o próprio Criador e assim podem ser uma fonte de *contemplação* para descobrir o rosto do Criador e entrar em profunda comunhão com Ele. Coisas materiais não são "más", como foi interpretado nos últimos séculos, como se fossem algo contra a pobreza. A natureza, portanto, é um caminho para intimidade com Deus, por isso tudo criado é bom: "E Deus viu tudo o que havia criado, e tudo era muito bom" (Gn 1,31).

E no plano original do Pai, todos teriam o suficiente para viver no amor e na dignidade e tudo estaria colocado em comum. Portanto, os que têm mais deveriam partilhar com alegria com os que não têm o suficiente. *Deveria existir uma harmonia entre Deus, o homem e a mulher, e a natureza.* Se ela existisse, não haveria abusos contra a natureza (ecologia), destruindo-a com os sinais tristes de miséria. Essa harmonia, necessariamente, exige o elemento de partilha de bens. Assim, a virtude da pobreza deveria facilitar a possibilidade de formar uma comunidade de amor e de partilha, em que não haveria "necessitados entre eles" (At 2,44-46).

Infelizmente, o homem e a mulher rejeitaram esse plano original do Pai Criador. Recusaram assumir sua condição de criaturas (pobreza de espírito) e quiseram ser "iguais a Deus", exatamente a tentação original: "Comei esse fruto e sereis iguais a Deus" (Gn 3). Quiseram receber, por meio de posses e riquezas, que é idolatria (um coração de rico), todo o culto e toda a adoração no lugar de Deus Criador. Já que rejeitaram Deus, buscaram adorar seu novo deus substituto nas formas de *riqueza, posse e poder*. Assim fecharam seu coração a Deus (sem culto e adoração ao Criador) e recusaram praticar partilha. De repente, quebrou a harmonia original e houve "necessitados entre eles". A ganância, a posse e a busca do desnecessário, sem partilha, passaram a ser a nova lei do homem. Começou então a grande distância entre os que tinham e os que não tinham o necessário para viver com dignidade, isto é, na *miséria*. Iniciou-se a realidade terrível de *fratricídio,* isto é, matar seu irmão, negando a partilha de bens entre os necessitados.

Uma pesquisa das Nações Unidas disse que 850 milhões de pessoas vão se deitar com fome e, entre elas, 300 milhões são crianças. A cada cinco segundos no mundo, uma criança morre de fome. No Brasil hoje, a cada dia, quase 12 milhões de brasileiros passam fome, mesmo nosso país sendo rico em recursos naturais e tendo celeiros cheios para aliviar a fome dessa gente. Sim, há terríveis pecados sociais em nossa sociedade. Quebramos a harmonia do plano original do Pai. Enfim, a humanidade trocou seu Deus por coisas materiais e pelo poder, que é a idolatria mais evidente em nosso mundo secularizado. E continuamos acreditando que o iluminismo, a pós-modernidade e a secularização poderiam eliminar todos os problemas sociais.

Com essa atitude foi impossível formar comunidade fraterna baseada no amor e na partilha. Foi criado um estado de egoísmo radical e de desarmonia, que, no fim, causou o fratricídio, um mundo sem Deus, sem moralidade e sem harmonia. O fratricídio é uma realidade cruel de nossa sociedade "liberada de religião e Deus".

Eis o desafio forte da vida consagrada, por meio do voto de pobreza: acolher, viver e profetizar *o plano original do Criador*, denunciar, pelo exemplo de vida em comunidade, qualquer tipo de fratricídio por falta de viver uma vida plena, alegre e generosa de partilha e de fraternidade. E isso mais ainda em nosso continente pobre com tanta desigualdade social. Nós, religiosos, precisamos viver a *pobreza de fato*; viver uma vida simples na prática e não na teoria. Precisamos viver também uma vida de *pobreza de espírito*, uma alegre dependência de Deus e dos outros. E, com isso, mostrar ao mundo que a simplicidade de vida, a partilha e a vida comunitária são possíveis. A teologia da pobreza evangélica, ou o objetivo desse voto religioso, está enraizada no valor evangélico da dependência alegre de Deus e na partilha alegre dos dons, que vêm de Deus, com os outros. Cristo encarnado nos mostrou o caminho. A pobreza é vivida na vida real e não em teorias. É profética.

Mas, para podermos mesmo viver o espírito da pobreza, precisamos do aspecto contemplativo desse voto, aprofundando a contemplação da pessoa de Cristo humano e pobre. "O Verbo se fez carne e habitou entre nós". O próprio Filho de Deus "desceu, aniquilou-se e esvaziou-se" (Fl 2,6-11). E, sendo rico, optou, livremente, por ser pobre de fato, vivendo *com* e *como* os pobres de seu tempo. Essa descida foi o grande sinal profético de sua pobreza. Deus se fez pobre humanamente na encarnação. Esvaziou-se em favor de toda a humanidade. *O Criador tornou-se por amor uma criatura.* A Encarnação do Verbo exige muita contemplação para entendermos o sentido profundo da pobreza. Deus primeiro foi pobre de fato e de espírito na Encarnação. Cristo é nosso modelo e nos convida a "seguir" sua encarnação em nossa vida.

Jesus optou por ser também pobre de espírito e assumiu todas as nossas fraquezas humanas, incluindo "a morte de Cruz". Ele optou por ser uma pessoa dependente de Deus (foi um homem de oração) e dos homens (Ele precisou de uma comunidade de apoio para cumprir sua missão). Ele foi tentado, chorou, foi rejeitado, condenado e morreu como um criminoso na cruz. Tudo isso foi pobreza de espírito, que o levou a ser dependente por amor a seu Pai.

Cristo veio como profeta para restaurar os valores originais de seu Pai na criação: culto, adoração, contemplação, partilha de bens, fraternidade e harmonia em tudo criado. Ele conseguiu tudo isso vivendo a pobreza de fato e de espírito. Veio, por meio de sua pobreza, com seu Pai, reconciliar todo o cosmos, destruído pela ganância e pelo orgulho do pecado original e do pecado contemporâneo com tantos sinais de fratricídio. Cristo demonstrou a beleza de ser uma criatura diante de seu Criador. Por isso pediu essa mesma renúncia radical de pobreza dos doze apóstolos, como anúncio do Reino do Pai, se quisessem realmente o seguir. Denunciou qualquer tipo de materialismo, que afasta as pessoas de seu Pai e da fraternidade. Condenou qualquer tipo de autossuficiência pecaminosa, que vem de riquezas e que fecha o coração para Deus e o irmão: "Como é difícil para um rico entrar no reino" (Mt 19,23).

Houve vários sinais da pobreza na vida encarnada de Jesus. Ele vivia como itinerante, porque optou por não ter bens materiais, para poder ser livre para pregar a Boa-Nova (Mt 8,20). Em seu Rabinato de doze apóstolos, possuiu uma bolsa comum com sua comunidade; tudo estava partilhado entre eles (Jo 12,6). Ele e os doze viveram uma vida bem simples, mas não uma vida de miséria (Lc 22,7-13). Ele e a comunidade praticavam a partilha ajudando aos outros em necessidade (Jo 13,29).

Os sinais da prática da pobreza de espírito de Jesus estão em todo o Evangelho. Ele foi um homem de oração diária (Mc 1,35; Mt 26-36; Lc 5,16; 6,12), vivia profundamente sua dependência libertadora no Pai. O Pai-Nosso, que ele nos ensinou, foi uma oração de pobreza de espírito e de fato. "Santificado seja o vosso nome"; "Dai-nós o pão de cada dia" são pedidos que vieram da prática da pobreza, do coração de Jesus. Ele teve o costume de frequentar a sinagoga a cada Sábado (Mt 9,35; Mc 1,21; Lc 13,14; Jo 18,20) para buscar e acolher a vontade de seu Pai. A pobreza de espírito antecedeu a obediência na vida de Cristo.

O que é pobreza de fato para nós, religiosos, neste continente pobre com tantos sinais de desigualdades? Os Documentos do CELAM e da CRB pedem de nós *uma simplicidade de vida*. Temos de admitir que, às vezes, nós mostramos sinais de possuir o desnecessário até no meio dos pobres. O apelo é que devemos buscar o necessário para vivermos na dignidade, segundo o plano original do Pai na criação. Precisamos de mais honestidade para discernirmos o que é, de fato, necessário e o que evidentemente é luxo, isto é, desnecessário. Precisamos de mais coragem para nos questionar sobre nosso estilo de vida, que pode ser antiprofético no meio dos pobres que servimos.

A pobreza significa também o processo de inculturação. O Brasil tem várias culturas, e, por meio de nossas transferências, encontramo-nos, às vezes, em culturas diferentes. Possivelmente, nossa vida missionária nos pede inculturação "ad gentes" no exterior diante de uma cultura bem diferente da que fomos formados. Exige deixar o velho para acolher o novo.

Exige pobreza de fato e de espírito. "O Verbo se fez carne e habitou entre nós" é nosso modelo e inspiração nesse assunto tão importante. O aspecto de "descer" é muito importante para também depois "sermos elevados" percebendo as riquezas e os sinais de Deus em uma cultura diferente. Eis o segredo na pobreza: descobrir o rosto de Deus Criador até no diferente. Isso é pobreza de fato. Nem sempre esse aspecto de pobreza é fácil viver, porque pode existir a possibilidade de querermos tentar impor nossa cultura ao povo que está sendo evangelizado. Deus sempre se revela por meio de todas as culturas. A pobreza é buscar os sinais de Deus presente nas maneiras diferentes no ser e agir. Nem sempre é fácil viver esse aspecto da pobreza.

Já indicamos a necessidade de profetismo na prática de nossa pobreza de fato. Exige muita autenticidade e honestidade em nossos discernimentos. Tudo começa no coração de cada consagrado. É meu voto que preciso viver profeticamente. Mas a pobreza também influencia o aspecto comunitário das decisões. A nova geração de religiosos foi bombardeada com a propaganda do mundo materialista desde cedo. Às vezes, a conversão de uma atitude materialista para uma atitude evangélica não é tão fácil realizar. Mais uma vez há a necessidade de introduzir em nossos formandos todos os níveis do conteúdo teológico desse voto e o exemplo do próprio Cristo pobre de fato e de espírito como nosso ideal. Sem primeiro contemplar Cristo pobre, é impossível fazer esse passo de conversão na pessoa de Cristo humano.

Todos os recentes documentos do CELAM e da CRB frisam a importância da participação, de uma maneira ou outra, dos religiosos entre os mais pobres. O próprio fenômeno de inserção no meio dos pobres, depois do Concílio Vaticano, e as conferências de CELAM (Puebla e Medelín) foram proféticos. Muitas Congregações e Ordens deixaram seus grandes conventos para entrar com generosidade para viver *com* e *como* os pobres.

> A opção pelos pobres inscreve-se na própria dinâmica do amor, vivido segundo Jesus Cristo. Assim estão obrigados a ela todos os seus discípulos; mas aqueles que querem seguir o Senhor mais de perto, imitando suas atitudes, não podem deixar de se sentirem implicados de modo absolutamente particular em tal opção. A sinceridade de sua resposta ao amor de Cristo leva-os a viver como pobres e a abraçar a causa dos pobres. Isto comporta para cada Instituto, de acordo com seu carisma específico, a adopção de um estilo de vida, tanto pessoal como comunitário, humilde e austero (Doc. Vita Consecrata, n. 82).
>
> É, a serviço do mundo, uma vida apaixonada por Jesus-vida do Pai, que se faz presente nos mais pequeninos e nos últimos, a quem serve a partir do próprio carisma e espiritualidade (Doc. Aparecida, n. 535).
>
> A abertura pastoral das obras e a opção preferencial pelos pobres é a tendência mais notável da vida religiosa latino-americana. De fato, os religiosos acham-se cada vez mais em zonas marginais e difíceis, nas missões entre indígenas, em um trabalho humilde e silencioso.

> Esta opção não supõe exclusão de ninguém, mas, pelo contrário, uma preferência e aproximação do pobre (Doc. Puebla, 2, C).

Mas há indicações questionadoras de que alguns religiosos, especialmente entre os mais novos, estão perdendo o desejo de trabalhar e viver entre os mais pobres. A inserção nas realidades mais pobres enfraqueceu, notavelmente, entre nós, consagrados, aqui no Brasil. Parece que houve opções mais interessadas em "diplomas" e um estilo de vida mais confortável do que uma opção preferencial pelos pobres. É claro que nosso profetismo, previsto e desejado pela inserção entre os mais pobres, que foi um apelo nos documentos orientadores do CELAM e da CRB, está sofrendo. Há necessidade de reanimar o carisma fundacional porque a grande maioria das Congregações e Ordens foi fundada para cuidar dos pobres de uma maneira ou outra. O documento do Concílio Vaticano II *Perfectae Caritatis* nos convida a voltar e reanimar essa preocupação com os pobres como expressão viva e profética de nosso voto da pobreza. Precisamos redescobrir a intenção original de nossos fundadores que, certamente, foi dirigida para os mais pobres.

> Reverte em bem da Igreja que os Institutos mantenham sua índole e função particular; por isso sejam fielmente aceitos e guardados o espírito e as intenções dos fundadores bem como as sãs tradições, que constituem o patrimônio de cada Instituto (Doc. Vat. II, *Perfectae Caritatis*, C, n. 2).

3.3. Obediência

Em toda a Bíblia, o que mais desafiou os mais íntimos de Deus foi sua obediência diante dos apelos pessoais e missionários dele. Abraão, Moisés e todos os profetas e profetisas foram apresentados, na Bíblia, como homens e mulheres de obediência diante da vontade do Pai, que os mandou em missão para salvar seu povo escolhido e, mais tarde, para salvar toda a humanidade. Maria, José e Jesus encarnado seguiram na mesma história de salvação por meio de sua obediência. "Eis aqui a serva do Senhor" e "Eu vim para fazer a vontade do meu Pai" são exemplos humanos de obediência para todos nós. No fundo, a obediência bíblica sempre pode ser traduzida por *confiança inabalável no amor e no plano salvífico do Pai*. A confiança no plano salvífico do Pai, motivado por seu amor a suas criaturas, e a confiança de que Deus nunca abandona seu povo são o fundo teológico da obediência religiosa. A confiança no amor de Deus sempre antecede a prática do voto da obediência.

Considero que, de todos os votos, obediência é o maior desafio para essa nova geração da pós-modernidade, de um mundo secularizado, sem Deus. A individualidade, que é um dom de Deus, tem sofrido muito recentemente por causa da insistência e predominância de um egoísmo muito forte, em que o "eu" reina supremamente. A regra moderna é a supervalorização da liberdade humana, em que ninguém (nem Deus, nem superiores) pode interferir nela. Tal tendência invadiu a vida consagrada e causou um bloqueio forte, quando aparecem momentos concretos, em que é preciso assumir livremente a obediência religiosa. Precisamos redescobrir a teologia do voto para nos orientar na direção certa, que sempre contém o elemento de *renúncia* que o próprio Jesus humano teve de assumir, viver e pregar aos outros. Precisamos redescobrir o sentido da obediência, que Cristo humano teve de buscar com recursos puramente humanos.

Em primeiro lugar, a obediência evangélica trata de nossa consagração a Deus. Por esse voto, um religioso livremente quer fazer um dom de algo que pertence somente a ele. E a coisa mais profunda e sagrada que possuímos é nossa vontade livre de nos consagrarmos *a Deus em um ato livre e motivado pelo amor*. A obediência simplesmente não é obediência se for algo forçado ou imposto. Tem de ser um dom livre oferecido a Deus. E essa coisa sagrada somente pode ser doada a Deus em consagração generosa. Em todo ato de obediência, religioso nunca obedece ao Superior. Em profunda oração, nós, consagrados, precisamos ir além da pessoa do Superior para, na fé, vermos a presença de Deus nos pedindo isso ou aquilo na vida concreta; só assim poderemos oferecer somente a Ele o dom de nossa vontade livre: "Então eu disse: aqui estou, no livro está escrito a meu respeito; vim para fazer a tua vontade, ó Deus" (Hb 10,7). Nosso "sim" livre, então, causa uma comunhão intensa de amor entre o Pai e nós. E, no meio dessa comunhão (oração – contemplação), podemos perceber os apelos do Pai e acolher sua vontade para salvar toda a humanidade. E nosso "sim" nos coloca dentro da corrente da história da salvação, que continuará até a segunda vinda de Cristo. Nosso sim nos liga intimamente com o sim do Verbo, que se fez carne, para cumprir a vontade salvífica do Pai. Nosso "sim" nos coloca dentro do coração humano de Jesus e de sua obediência. Participamos do plano de amor do Pai, que quer salvar a todos. Uma participação que é livre, generosa e santificadora. Nosso sim livre nos coloca ativamente no processo da história divina de salvação.

No ato da obediência religiosa, existe a exigência da dinâmica de renúncia ou de submissão livre. Na intimidade com Deus (contemplação), podemos revelar a Deus "nosso querer"; podemos e devemos fazer isso. Mas, de repente, Deus revela a nós que seu querer é diferente do nosso. E Deus então nos convida a mudar nosso querer para seu querer. Sem mudar, por amor ou submissão, nosso querer no querer do Pai não haverá obediência evangélica e religiosa. Sem um ato livre de amor não há obediência. E, com nosso mundo secularizado, dando tanta ênfase na liberdade pessoal, sem restrições, esse processo não é tão fácil de viver. Somente o elemento contemplativo de amor mútuo entre Deus e nós, consagrados, pode animar nosso ato livre de obediência. A contemplação do amor, que desembocou na obediência de Maria e de Jesus humanos, pode nos inspirar a acolhermos essa renúncia de amor. Precisamos contemplar muito o amor deles no Evangelho.

> Sua obediência consagrada, vivida com abnegação e fortaleza como sacrifício de si mesmos" (PC, 14), será expressão de comunhão com a vontade salvífica de Deus

e denúncia a todo projeto histórico que, apartando-se do plano divino, não faça crescer o homem em sua dignidade de filho de Deus (Doc. Puebla, n. 2).

Depois do Concílio Vaticano II, houve mudanças notáveis no conceito e na prática do voto de obediência em relação aos modelos que perduraram por séculos e também a introdução das ciências humanas nos conceitos e na vivência da vida consagrada, as quais começaram a nos ensinar que os modelos de obediência, por vários séculos, foram de fato até infantis. Começamos também a questionar o valor evangélico desses modelos, por exemplo, *O Superior falou, Deus falou*. Percebemos que os Superiores também eram vulneráveis, poderiam errar e até pecar em sua interpretação unilateral sobre a vontade de Deus em coisas concretas, que envolviam a vida dos membros de sua comunidade ou de sua Província. A *obediência cega* foi o primeiro antigo modelo rejeitado pelos religiosos.

Houve novos questionamentos sobre qual exatamente era o papel do superior local e provincial. Descobrimos que o maior papel do superior local e provincial não era administrativo, mas o dever de, holisticamente, cuidar dos membros da comunidade em primeiro lugar. Redescobriu-se o papel principal do superior na comunidade, isto é, de ser *guia espiritual ou pastor de seus irmãos*. No documento publicado pela Congregação para os Institutos de Vida Consagrada, no ano 2008, sobre o papel de um Superior, vemos as seguintes recomendações: "O Superior deve ser uma autoridade espiritual;

levar a comunidade a rezar; promover a dignidade de todos os membros; promover coragem nos momentos difíceis; manter fidelidade ao carisma congregacional". Essa imagem certamente questionou os velhos modelos de Superior (Cf. o documento: *O Serviço de Autoridade e a Obediência,* 2008).

Houve um grande avanço: a noção de *corresponsabilidade na busca e na execução da vontade de Deus.* Cada religioso que livremente assumiu o voto da obediência tornou-se corresponsável na participação do conteúdo dessa obediência. O Superior e o consagrado, juntos, passaram a buscar fidelidade na vivência desse voto. O Superior deveria, por função, levar todos os membros da comunidade a buscar a vontade do Pai com corresponsabilidade. Acabou seu monopólio sobre o discernimento unilateral da vontade do Pai. *Todos os membros* de uma comunidade religiosa tornaram-se corresponsáveis na busca e deveriam executar essa vontade do Pai em circunstâncias concretas da vida. A obediência veio a significar o processo de comunhão com a vontade de Deus, encontrada, comunitariamente, sob a direção de uma autoridade (superior).

Igualmente importante foi a descoberta de que o Espírito Santo fala não somente a um só, mas também para todos os coirmãos. Em cada um, o Espírito fala de uma maneira limitada, adaptando-se às limitações pessoais. Portanto, cada consagrado recebe sua própria inspiração, se deixar o Espírito Santo o iluminar e aprofundar sua percepção limitada. Criou-se também a possibilidade de se abrir aos outros igualmente inspirados pelo Espírito.

Essa revelação vai acontecer se os religiosos estiverem verdadeiramente abertos e escutando a pessoa de Jesus, que está presente em cada membro da comunidade de maneira única. A aceitação humilde de que o Senhor não é a propriedade exclusiva de qualquer membro da comunidade, mas que está em todos, ajuda-nos a escutar com respeito uns aos outros. Se somente escutamos nossa própria voz, não estamos prontos para uma participação plena na busca de acolher a vontade do Pai. Nosso voto de obediência é uma promessa para desenvolvermos uma sensibilidade, a fim de ouvirmos a voz da comunidade como a voz potencial do Espírito Santo.

Escutar com respeito não significa que precisamos concordar com a colocação do outro, mas sim escutar e respeitar sua colocação como uma possível revelação da vontade do Deus Pai a nós. Portanto, a desobediência, segundo o novo conceito de obediência religiosa, *é a má vontade de não escutar a comunidade quando ela não promove nossos planos egocêntricos e interessados.* A desobediência é fechar o ouvido e o coração para a possível revelação de Deus Pai por meio de nossos irmãos. Essa desobediência ou fechamento pode ser pessoal ou até comunitário quando todos não querem buscar a vontade do Pai, porque incomoda e exige conversão.

O caminho para conhecer a vontade do Pai, que prometemos buscar pelo voto da obediência, primeiramente, começa com uma leitura aberta e honesta das Sagradas Escrituras, em que Deus vem a nós e, pessoalmente, revela sua vontade. Exige uma atenção especial na Liturgia da

Palavra na Eucaristia. Deus fala, dirige, aconselha e indica sua vontade à comunidade. Exige uma sensibilidade para escutar sua Palavra.

O segundo meio é uma vivência comunitária, em que a comunidade, abertamente, está disponível a acolher a vontade de Deus, que fala por meio de cada irmão. Isso exige uma constante purificação das motivações egoístas atrás das decisões a serem feitas. A comunidade busca também meios para ficar sempre aberta para acolher a vontade do Pai, revisando a vida, em um período de oração em silêncio, antes da reunião da comunidade, em que cada religioso se confronta com suas motivações diante do Senhor. É um momento de intimidade com o Espírito Santo, que nos consola, sara-nos e nos liberta de nossos fechamentos.

A corresponsabilidade exige muita honestidade e escuta respeitosa dos dois lados: do consagrado e dos superiores. A obediência hoje é um processo de acolher o outro e *buscar a dois* a vontade de Deus Pai.

Os problemas contra uma obediência adulta são muitos em nossa sociedade pós-moderna e secularizada, que insiste que Deus não é necessário em nossa vida. O individualismo doentio atrapalha, sobretudo, o andamento de todos os membros de uma comunidade na busca de uma obediência responsável. O subjetivismo egocêntrico atrapalha todo o processo de abertura comunitária porque somente *eu sou o único dono da verdade*. Também a atitude de que "tudo que eu faço é certo e ninguém pode me questionar", que tem se infiltrado na vida comunitária faz um tempo, causa muita divisão, muito descontentamento e, por fim, uma atmosfera de desobediência, porque causa fechamento do coração.

Infelizmente, há sinais de que o velho modelo de determinar a vontade do Pai unilateralmente, isto é, somente pelo Superior, sem a necessidade de consultar os outros, está voltando em algumas situações e práticas na vida consagrada. Para os vocacionados recentes na vida consagrada, essa atitude, "o superior falou, Deus falou", é desastrosa e incompreensível. Sinto que cada Província precisa seriamente fornecer formação inicial e permanente sobre o voto da obediência e a corresponsabilidade de todos no processo de buscar e executar a vontade do Pai. Sem dúvida, o voto de obediência é um grande desafio na vida consagrada hoje em dia.

4. Refundar para reanimar o carisma

Há o perigo de sermos infiéis ao projeto carismático do fundador sem voltar à história, para captar e interpretar nosso carisma congregacional. Precisamos captar o "sonho original" do fundador e introduzir mudanças necessárias, segundo os tempos atuais, e sinceramente entrar na conversão para autenticamente refundar tudo isso. Ser infiel ao carisma fundacional é o início do processo de crise e a morte de uma Congregação ou Ordem.

O Concílio Vaticano II fez um apelo forte para que os religiosos do mundo inteiro reformulassem suas Constituições. O Concílio apresentou três fontes para animar essa reforma: a) a conversão comunitária e pessoal *na pessoa de Jesus Cristo*; b) uma resposta transformadora para *os sinais dos tempos, mas baseada no Evangelho*; c) *redescobrir o carisma de seu fundador.*

Cada Congregação ou Ordem precisa iniciar reescrevendo e estudando *comunitariamente* uma vida mais crítica de seus fundadores. Os primeiros livros sobre sua vida normalmente foram escritos para nos inspirar. Exageraram algumas realidades e evitaram contar assuntos negativos sobre a vida deles ou sobre o andamento da fundação, que nem sempre foi tranquilo. Frisamos suas virtudes, mas escondemos suas limitações, que sem dúvida existiram. Em poucas palavras, inventamos uma imagem falsa deles, quase impossível de imitar. E tudo isso tocou, querendo ou não, na interpretação correta ou errada do carisma fundacional e a interpretação das Constituições da Congregação ou Ordem. E a maioria dos congregados foi formada para acolher até os erros da vida dos fundadores.

Tendo em mãos essa nova vida crítica dos fundadores e da fundação, devemos fazer uma leitura correta sobre o carisma em nossos tempos atuais. Precisamos ter coragem para examinar certas estruturas que foram aumentadas com a história da Congregação ou Ordem que, possivelmente, afastaram-na do próprio carisma fundacional e que nunca foram elaboradas pelo fundador. Precisamos de coragem para questionar se tais estruturas ainda existem e por que impedem a vivência plena e autêntica do carisma. Cada Congregação ou Ordem precisa de um processo de questionamento e conversão sobre seu ser e agir e de seus apostolados.

Um grande questionamento é *quem* o fundador quis servir na Igreja e no mundo e qual foi a experiência mística que o levou a fundar a Congregação ou Ordem para cumprir esse carisma ou dom do Espírito Santo. Às vezes, afastamo-nos de servir aos "pobres de fato" que, quase universalmente, influenciaram a intenção original dos fundadores e que foi a mesma intenção e opção do próprio Jesus Encarnado. *Não podemos esquecer a contemplação de Jesus Cristo em nossos discernimentos sobre nosso carisma.* Mais do que nunca precisamos ouvir o convite de Jesus "Siga-me". A experiência mística dos fundadores foi baseada em alguma experiência de Jesus Cristo Encarnado e, depois, traduzida na vida segundo as circunstâncias daquele tempo da fundação. No fundo, o carisma congregacional quer continuar as mesmas opções variadas de Jesus Cristo Encarnado.

A palavra carisma significa "dom". São Paulo, especialmente, usava essa palavra para significar um dom especial do Espírito Santo para uma pessoa, *mas sempre em vista do bem comum ou do bem espiritual dos outros* (1Cor 12,13-14). Como São Paulo ensinou, há muitos dons, mas aqui queremos tentar descobrir o carisma, o dom que o Espírito Santo deixou com nossos fundadores. Esse dom se chama "carisma fundacional".

Um carisma é difícil definir porque é algo vivo, é graça, por isso podemos somente descrevê-lo. O carisma é mais vivencial do que intelectual. É bom fazer aqui algumas distinções de termos que confundimos, às vezes, com a palavra "carisma".

Espírito de uma congregação: isso significa certo ar de família, um "espírito do corpo", que liga os membros apesar de suas diferenças. É sua maneira de viver e estar juntos. Mas não é o carisma fundacional em si.

Missão: descreve "o fazer" da Congregação ou Ordem. A missão é inseparável do carisma, mas não contém toda a sua totalidade. O carisma é mais um ser, e missão é mais agir. O carisma inspira a missão, e a missão fortalece o carisma.

Espiritualidade: isso é a maneira concreta de viver nossa vida consagrada em comunidade. Inclui elementos de um estilo de vida, oração comunitária, fraternidade etc., que podem ser percebidos e expressados, mas não é o carisma em si. A espiritualidade pode ser *ensinada*, mas o carisma não. O carisma tem de ser vivido.

Carisma do ponto de vista teológico: todos nós temos uma experiência pessoal de Deus, que no fundo é *um carisma, é dom* e é essencial tomar consciência de nossa própria experiência de Deus. Nossos fundadores também tiveram uma profunda experiência de Deus. Eles tiveram um encontro pessoal com Deus e sentiram a presença de Deus em sua vida de uma maneira particular, baseada em algum aspecto do Evangelho e da pessoa de Jesus Cristo. E, como sempre, os fundadores, por causa dessa experiência, sentiram a necessidade de assumir uma missão específica na Igreja. Teologicamente, uma experiência profunda de Deus (ser) sempre nos leva para uma missão (agir).

A fundação de uma Congregação ou Ordem acontece com uma partilha de fé, na qual o fundador comunica sua experiência de Deus e a missão proposta aos outros, e eles reconhecem a semelhança com sua própria experiência de Deus e, assim, ajuntam-se para viverem, comunitariamente, essa mesma experiência de Deus e exercer a mesma missão. Os fundadores também recebem um dom extra para chamar e unir outros para realizar o que o Espírito Santo propôs para ele. Os companheiros recebem o mesmo dom do Espírito Santo, dado ao fundador, com o mesmo *ser* e *agir* e também com o dom de continuar esse carisma na Igreja e no mundo.

Portanto, os componentes do carisma fundacional são: um chamado de Deus (experiência mística de Deus); uma visão específica de uma parte do Evangelho; a formação de uma comunidade; o assumir uma missão; um agir para viver em serviço de alguém específico, na Igreja ou no mundo, especialmente dos pobres; tudo isso termina no desejo de querer continuar o mesmo ser e agir de Cristo Encarnado, que viveu em comunidade.

Todo carisma congregacional, cedo ou tarde, fala de um encantamento com Jesus humano. De uma maneira ou outra, é um desejo de continuar sua missão: a salvação do mundo em cumprimento da vontade de seu Pai. *Isso exige conversão progressiva na pessoa de Cristo*, uma maior identificação efetiva com a pessoa de Jesus Cristo humano. Por contemplação do Verbo Encarnado, o Religioso tenta viver o mesmo Espírito de Jesus, isto é, todo o processo de "revestir-se de Cristo" (Gl 3,27). Isso nos leva a assumir um desenvolvimento da fé como resposta pessoal, consciente, livre, total e dinâmica a Jesus Cristo. Tudo isso é impossível realizar sem a opção clara e decisiva pela oração, como um contato pessoal com a pessoa e a missão de Jesus Cristo por meio de sua contemplação nas Sagradas Escrituras. E há a importância da experiência de oração no contexto comunitário de pessoas consagradas em conversão contínua na pessoa de Jesus Cristo. O cumprimento do carisma começa com e em Cristo.

Tudo isso foi o projeto da *refundação* depois do Concílio Vaticano II que, infelizmente, enfraqueceu com o tempo e com a falta de assumir as exigências das mudanças necessárias, segundo as descobertas na vida crítica dos fundadores, e a redescoberta do espírito carismático da fundação da Congregação ou Ordem. Sem assumir um processo de refundação no nível congregacional e provincial, seria difícil reanimar nossas Congregações ou Ordens. Exigem-se honestidade e coragem para entrar na conversão. O Espírito Santo fornecerá todas as graças necessárias, mas os membros da Congregação ou Ordem precisam entrar na conversão para acolhê-las e renová-las. Somos chamados a continuar a experiência mística do fundador e reavaliar nossa missão baseada nessa experiência mística. Precisamos ter a coragem para percebermos que, possivelmente, nos desviamos do projeto carismático da Congregação ou Ordem. Se não, segue o processo de acomodação que termina em crise e possível morte da Congregação ou Ordem. O assunto é sério.

5. O problema de pertença e perseverança

O fenômeno da saída frequente dos membros de nossas Congregações ou Ordens religiosas, sejam leigas ou clericais, ninguém pode mais negar. É um fenômeno claro. A cada ano ao menos três mil religiosos pedem demissão de seus votos. A saída dos membros de seu compromisso com a consagração religiosa é uma causa de dor entre nós, religiosos, que continuamos com nosso compromisso religioso. De repente, por razões até insignificantes, nossos coirmãos simplesmente desistem de seu compromisso com Deus e com a Igreja. Às vezes, esse fato triste deixa um vácuo afetivo nos outros membros de nossas comunidades. Alguns que saíram são seus melhores amigos e isso tem efeitos tristes nos que ficam. O problema da pertença à família religiosa e da perseverança é um problema real; desde o Concílio Vaticano II, é até assustador. Tantas desistências devem indicar, em geral, que *algo faltou na formação sobre a essência da vida consagrada desses desistentes*. É, certamente, mais uma indicação da secularização de que não existem mais valores permanentes; isso infiltrou dentro da vida religiosa.

O problema começa com a seleção vocacional dos candidatos. Algumas Congregações ou Ordens, com falta de vocações, estão prontas para acolher qualquer candidato que aparecer. Mas a motivação vocacional precisa ser questionada desde o início, começando com o promotor vocacional. A atração para a vida religiosa nem sempre indica uma motivação espiritual. Pode ser um caminho para uma vida mais fácil no sentido de que tudo é dado ao candidato: a comunidade acolhedora, as necessidades básicas fornecidas, a educação garantida, incluindo até uma educação superior, que garante um futuro tranquilo. Mas os confortos, gratuitamente fornecidos, não podem ser a motivação básica para entrar na vida consagrada. Alguém, facilmente, pode entrar em uma Congregação ou Ordem, para garantir tudo isso sem a motivação correta da consagração religiosa, e, mais tarde, causar problemas e desistir quando aparecerem os desafios e as renúncias necessárias no seguimento de Jesus. Outros talvez entrem para simplesmente escapar de sofrimentos emocionais em sua vida pessoal e familiar. Por isso, os candidatos precisam ser "testados" ou questionados durante todo o processo de formação inicial e permanente sobre suas motivações. Os formadores precisam ler mais atentamente os sinais da possível falta de motivações vocacionais corretas nos formandos e confrontar esses sinais errôneos.

Talvez seja delicada ou difícil demais, mas cada Congregação ou Ordem deve tentar fazer uma pesquisa sobre *as razões das desistências* de seus membros ajudando os superiores e formadores da Congregação ou Ordem para entender e perceber a presença desses porquês nos membros e formandos. E entendendo os porquês poderiam assumir certas linhas de ação para corrigir possíveis erros na busca de animar os elementos de pertença e de perseverança no grupo.

Simplesmente dito, *pertença e perseverança são uma questão de amor* a Deus, ao projeto carismático do fundador, aos coirmãos, com quem convivemos em comunidade, ao serviço do povo de Deus especialmente aos mais pobres. A pertença é algo que cresce e amadurece com o tempo, essencial no contexto comunitário e apostólico. É um reconhecimento, como os próprios Padres do Deserto reconheceram, pois sozinho é impossível viver a consagração. Precisamos uns dos outros na busca de fidelidade à consagração. A pertença significa que ficamos corresponsáveis e participamos da fidelidade de consagração na vida de nossos outros irmãos, e eles são corresponsáveis por nossa fidelidade e perseverança. Sem amor é difícil manter a perseverança no projeto de consagração religiosa.

E uma vida comunitária, bem fundada no amor, na caridade, no acolhimento e no perdão, ajuda os coirmãos, nos tempos difíceis, a buscarem o elemento de perseverança. Com esses sinais, a perseverança é fácil de se viver e manter. Uma comunidade de amor mútuo resolve a maioria dos problemas, antes de haver desistência da vocação. Onde reinam fofoca, julgamento e falta de perdão, torna-se difícil manter o espírito de pertença; assim algumas pessoas, simplesmente, desistem do projeto de consagração. Sim, às vezes, é o grupo ou a comunidade específica os responsáveis pela desistência dos coirmãos. Como é difícil acolher essa possibilidade.

Padre Libânio, SJ, lembrou-nos de algo muito forte, que, talvez, explique uma possível razão de tantos saírem de nossas fraternidades. O conteúdo tocou perfeitamente na motivação incentivadora de alguns de nossos irmãos que saíram. Ele disse: "Está aí o hipersujeito na Vida Consagrada, preocupado unicamente em construir seu próprio mundo, já que tudo fora dele perdeu sentido".

Mais uma vez os formadores precisam ficar atentos para perceber possíveis sinais desse *narcisismo* nos formandos e confrontar suas motivações vocacionais, antes de passar os candidatos para a profissão religiosa, seja temporária, seja perpétua.

6. Renovar a promessa de seguimento de Cristo

Os Padres do Deserto começaram a contemplar a *pessoa humana de Jesus Cristo* e a maneira como ele escolheu viver concretamente seu amor radical ao Pai e à humanidade. Começaram a observar *(lectio divina)* os meios que Cristo adotou para viver sua fidelidade diante de sua consagração. A contemplação da consagração de Jesus humano é o grande caminho para vivermos nossa consagração. É mergulharmos em seu ser e agir e traduzir isso em nossa vida concreta. Não ideias, nem teorias, mas sim vida.

Jesus Cristo humano então se tornou para os religiosos *o modelo, o Mestre, o consagrado*. Os padres concluíram que os consagrados, discípulos, precisavam *seguir Jesus* e assumir os mesmos meios de Cristo para viverem sua consagração religiosa. Toda consagração religiosa, portanto, é *Cristocêntrica*. Contemplando Cristo humano, o consagrado ao Pai, podemos sempre nos apoiar em seu exemplo em nossa busca de fidelidade e de conversão.

Os padres começaram a estudar o significado do convite de Cristo: *Siga-me*. Descobriram que uma estrutura religiosa já existia no tempo de Jesus e que Cristo aproveitou dessa estrutura para formar sua comunidade de doze apóstolos. A estrutura foi chamada de *Rabinato*. Vamos ver o significado do Rabinato Judaico e depois a estrutura do Rabinato de Jesus. As diferenças são importantes para entendermos a consagração religiosa, o discipulado e a missão.

Um jovem judeu que quis viver sua fé em uma forma mais radical procurou um Rabi ou um "Mestre". O Mestre, vendo algo especial no jovem, convidou-o para entrar em seu Rabinato. Como toda a sua formação estaria na presença do Rabi, a primeira coisa que teve de fazer foi deixar sua família para poder conviver na casa do Rabi por vários anos. Foi sua "formação inicial" no discipulado daquele Rabi.

A meta do Rabinato Judaico era o conhecimento e a observância estrita e perfeita da Lei. Foi um processo de tornar-se "perfeito" na observância da lei de Deus. Foi o caminho para conseguir intimidade com Deus e a fonte segura de santidade.

A finalidade seria, um dia, o discípulo chegar a ser "perfeito na observância da Lei", então, não seria mais "discípulo", mas sim, um Mestre, um novo Rabi. Um dia, esse novo Mestre iria separar-se de seu Rabi formador e iniciar seu próprio Rabinato. São Paulo passou por todo esse processo de formação. Paulo foi formado pelo Rabi Gamaliel e, como disse de si mesmo, foi "perfeito na observância da lei" (At 22,1-3).

O Rabinato foi um tempo de formação intensa em duas maneiras: *intelectual e visual*. O Rabi não só ensinou (intelectual), mas também praticou o que ele ensinou (visual). Foi um Mestre com o exemplo e guia espiritual. No

Rabinato e em público, os discípulos tiveram de mostrar um sinal externo de respeito pelo Mestre. Nunca podiam ficar no mesmo nível do Mestre em sinal de respeito. Tiveram de ficar ao menos um passo atrás dele. E é dessa prática que vieram as palavras *siga-me, que* se tornou o convite formal para entrar no Rabinato de um Mestre. Quando Jesus começou sua vida pública, a primeira coisa que fez, depois de seu batismo no Jordão e do deserto das tentações, foi formar um Rabinato que consistia em doze discípulos com o Mestre Jesus.

O que Jesus aproveitou do modelo Rabinato judaico já existente? O maior título de Jesus nos evangelhos é de "Mestre" ou "Rabi" e até seus inimigos, os fariseus, chamaram-no de "Mestre", que significou que Cristo era "perfeito na observância da lei". Os discípulos de Jesus deixaram suas famílias e começaram a conviver com Jesus, o Mestre. *No mesmo instante eles deixaram suas redes e o seguiram* (Mt 4,20). Jesus dedicou muito tempo na formação intelectual dos discípulos. Foi somente aos 12 membros de seu Rabinato que explicou suas parábolas (formação intelectual), "Ele lhes ensinava muitas coisas por parábolas" (Mc 4,2), e, na formação visual, eles igualmente foram formados: "Vimos você rezar; ensine-nos a rezar".

Mas o que Ele mudou? *A meta* não foi a perfeição na observância da Lei em si nem na totalidade de muitas leis tradicionais, mas a perfeição na vivência dos dois grandes mandamentos: *amar a Deus e ao próximo de forma radical.* E a *finalidade* é Cristo ser o único Mestre e Rabi e o fato de eles serem sempre seus *discípulos.* O discípulo nunca poderia separar-nos do único Mestre Jesus.

Sinto que nós, consagrados, temos de aprender de novo como ser discípulos de Jesus para podermos segui-lo. Há certas exigências, nesse seguimento, as quais, às vezes, ficaram ofuscadas por falta de intimidade com nosso único Mestre. Na pós-modernidade e secularização, esquecemo-las; mais do que nunca precisamos profetizar que *somos discípulos do Mestre Jesus* neste mundo secularizado. Somos sua continuação. Acolhemos e tentamos viver seu ser e agir consagrados.

A primeira característica do Rabinato é ser chamado e escolhido *por Jesus*. Segui-lo é ser chamado por Ele: *Siga-me*. Ele escolheu os doze apóstolos. Ele continua escolhendo vocacionalmente cada religioso. Um religioso é convidado por Cristo a viver uma vocação específica na Igreja. Cristo escolhe, os religiosos simplesmente acolhem seu convite. Entre milhões de pessoas cada consagrado foi escolhido por Cristo para entrar em seu Rabinato. Não por merecimento, mas pelo dom do amor de Deus. Ele está apaixonado por seus consagrados, e seu chamado vem de Deus e é graça. Um religioso precisa apreciar e não duvidar do chamado de Cristo.

> Não temas, pois eu o resgatei; eu o chamei pelo nome; você é meu. Quando você atravessar as águas, eu estarei com você; e, quando você atravessar os rios, eles não o encobrirão. Quando você andar por meio do fogo, você não se queimará; as chamas não o deixarão em brasas. Pois eu sou o Senhor, seu Deus, o Santo de Israel, seu Salvador; dou o Egito como resgate por você, a Etiópia e Sebá em troca de você. Visto que você é precioso e honrado a minha vista, e porque eu o amo, darei homens em seu lugar, e nações

em troca de sua vida. Não tenha medo, pois eu estou com você, do oriente trarei seus filhos e do ocidente ajuntarei você (Is 43,1-5).

Cristo quer, então, promover intimidade com seu discípulo. Não quer nada superficial neste relacionamento Mestre-Discípulo. E aqui vem a primeira exigência do Rabinato: conviver com o Mestre, ser discípulo de Jesus, deixar que Cristo nos ensine seu caminho de santidade. E observar (contemplação) seu ser e agir para poder segui-lo e viver seu mesmo ser e agir. Isso nunca vai acontecer sem uma vida de contemplação do Mestre. Viver com Jesus é o convite para ter intimidade com Ele.

A segunda característica é viver com Cristo. A consagração e o seguimento de Cristo falam de intimidade com Ele. É aprender a fitar seus olhos com amor no Mestre. É contemplar seu ser e agir consagrados. Portanto, há a necessidade de cultivar intimidade com o Mestre. Os religiosos precisam com prioridade fornecer um tempo honesto para estar com Jesus na oração de "eu – tu"; oração de amor mútuo, de intimidade mútua. É tempo de termos momentos de profunda consolação no amor e no perdão do Mestre, que nos impulsiona a viver nossa consagração na Igreja e no mundo como uma resposta de amor. "Não vos chamo de servos, mas sim de amigos" (Jo 15,15). E não é segredo que o aspecto contemplativo *(lectio divina)* tem sofrido na vida consagrada. Sendo honestos, podemos confirmar que Cristo Mestre tornou-se um item de estudo, uma ideia ao invés de uma pessoa que nos chamou à intimidade e que nos ama. Sem esse relacionamento, nosso seguimento é muito fraco. Precisamos redescobrir como fazer certas opções (conversão), diante de nossas atividades, e dedicar, diariamente, um tempo de qualidade para contemplarmos nosso Mestre e assumirmos o caminho para viver com e como Ele.

A terceira característica do Rabinato é a mais desafiante: seguir Cristo, vivendo como Ele. É um processo por toda vida tentando *configurar-se ao mestre* (Fl 2,5-11). É assumir seu ser e seu agir, assumindo sua Cruz. Exige a coragem para deixar que Cristo entre em nossa vida consagrada para questionar nossa vivência de consagração. Exige conversão na pessoa de Cristo. Exige uma doação de si mesmo como o Mestre fez por nós na Encarnação, na Eucaristia e, sobretudo, na Paixão. Um religioso é convidado a ir com Cristo ao Calvário por amor para continuar a história de salvação. Segui-lo é viver como Cristo humano, pobre, casto e obediente. Aqui precisamos fazer uma leitura aprofundada e meditada das Palavras dos Evangelhos *(lectio divina)* para descobrir o verdadeiro ser e o agir de Cristo diante de seu ser consagrado e querer ser *sua continuação profética no mundo de hoje*. Não podemos viver como Cristo, sem conhecer sua pessoa e sem ter intimidade com Ele. O aspecto contemplativo do Verbo Encarnado é essencial nessa procura. Precisamos acolher sua caminhada humana e perceber que podemos segui-lo com nossas limitações e fraquezas. Mais uma vez, isso exige um tempo de qualidade na contemplação de Cristo. Como vimos várias vezes, o ativismo exagerado e nossas distrações na vida religiosa de hoje nos levaram para uma leitura superficial do Evangelho, fazendo com que a configuração do Mestre seja mais teoria do que vida que acontece. Viver como Cristo é compromisso com Ele e com sua Igreja. Exige conversão no ser e agir de Cristo Encarnado.

Seguir Cristo é também assumir a mesma *missão* dele. Nosso Mestre veio para pregar aos pobres, desanimados e pecadores; para animar, consolar os abandonados, esquecidos, especialmente, os pecadores, perdoar-lhes e dar-lhes esperança. Por isso cada consagrado é por vocação um *evangelizador do reino*. É profeta do reino. É continuador messiânico de Jesus. A intimidade com o mestre automaticamente desemboca em missão, carisma, serviço. É uma continuação visível de Cristo profeta, que veio para servir e não ser servido. Por meio da intimidade com Cristo, assimilamos o mesmo conteúdo de sua pregação, isto é, o desejo louco de nosso Pai para salvar a todos, santos e pecadores.

Como podemos continuar a missão evangelizadora de Cristo se não conhecemos, por experiência, sua pessoa e seu ser, isto é, o primeiro recipiente de sua mensagem consoladora? A contemplação de Cristo precede o trabalho de evangelização. É difícil tocar no coração do povo sem falar no fundo de sua própria experiência da Copiosa Redenção de Cristo.

E, finalmente, seguir Cristo é assumir seu mesmo *destino*. Todo seguimento de Cristo, cedo ou tarde, coloca-nos diante da vontade louca do Pai de salvar toda a humanidade. Foi o centro de toda a espiritualidade do Mestre Jesus, o que o animou em sua obediência e que foi a virtude mais evidente na vida do Mestre. "Eu vim para fazer a vontade do Pai" (Jo 6,38). A Vida Religiosa é, sobretudo, uma comunhão profunda com a pessoa de Jesus Cristo em seu destino para salvar a humanidade. Só que esse seguimento do destino do Mestre exige dos consagrados renúncia, doação, generosidade, busca da vontade do Pai, muito amor e até carregar a cruz em favor da contínua salvação da humanidade. Somente a união mística com o Mestre pode nos levar a segui-lo, quando vierem as cruzes, a continuar e realizar a vontade salvífica do Pai. Somente Cristo pode nos inspirar no acolher e no cumprimento do mesmo destino. E, assumindo tudo isso, haverá uma profunda comunhão com a pessoa de Deus Pai, que falará em nosso coração as mesmas palavras dirigidas a Jesus: "Você é meu filho amado" (Mc 1,11).

Seguir o Mestre é assumir o que Ele escolheu viver, a fim de realizar a consagração radical ao Pai. Cristo pediu aos doze *três renúncias*: a renúncia de todos os bens, uma vida celibatária em favor do reino e a renúncia de si mesmo para poderem sempre acolher e executar a vontade do Pai, que quer salvar toda a humanidade, por meio da vivência livre e alegre. Com o tempo essas renúncias foram traduzidas por meio dos três votos da pobreza, castidade e obediência. Os votos somente podem ser entendidos, se acolhermos o convite de Jesus de segui-lo, para continuar, hoje, a missão salvadora de seu e nosso Pai. Ser pobre, casto e obediente demonstra exteriormente a continuação da presença de Cristo na Igreja e no mundo. O Religioso assim assume o ser e o agir do Mestre com sua missão e destino da cruz. Os votos são meios para viver o ser da consagração religiosa, amar a Deus e ao próximo, aliança do batismo que Jesus Mestre vivia na radicalidade (Mt 22,36-40).

7. Profecia em um mundo secularizado

> Desde a origem a Vida Religiosa Consagrada sempre foi uma profecia, já com os primeiros monges do deserto quando se rebelaram contra uma Igreja pomposa e infiel à sua origem e buscaram a autenticidade dos ensinamentos do Senhor. A vida religiosa consagrada tem sido a referência, a ponta de lança e, pelo seu profetismo, denúncia de tudo o que é antivida e anúncio da Boa Nova do Reino (Convergência, Outubro, 2016, p. 719).

Mais do que nunca, a vida religiosa precisa ser profética para cumprir uma missão evangelizadora no mundo de hoje. Querendo ou não, os religiosos também são filhos da pós-modernidade e introduziram alguns dos elementos de secularismo, que não seguem os conselhos do Evangelho, em nossa vida consagrada.

O secularismo é a construção de *uma sociedade sem Deus, sem religião*, por isso, fortemente desvinculada de valores religiosos. Em termos gerais, o secularismo frisa uma afirmação das realidades imanentes deste mundo, mas com uma negação e, portanto, exclusão das realidades transcendentes do outro mundo, Deus, céu ou inferno. É uma visão e um estilo de vida que se inclinam para o profano mais do que para o Sagrado, para o natural mais do que o sobrenatural, para a ênfase no aqui e agora, sem considerar qualquer tradição e a possibilidade de ficar preocupado com a eternidade.

O secularismo é uma abordagem não religiosa da vida individual e social. Deus e religião simplesmente não entram nessa abordagem. E não podemos negar que certas crenças do secularismo têm entrado em nossa vida consagrada pela propaganda constante deste mundo secular. Um fato incontestável dos países ocidentais da tradição cristã é a crise representada pela morte do "Sagrado". Os indicadores dessa crise incluem a queda da prática regular das religiões tradicionais, o surgimento e o avanço da indiferença religiosa, agnosticismo e ateísmo. Associamos o secularismo ao triunfo do *consumismo, materialismo e hedonismo* como os "novos deuses" no lugar de catolicismo, seus dogmas e sua moralidade. Essa inclinação para o profano em vez do Sagrado tem contaminado a Igreja e a vida consagrada de um modo cada vez mais abrangente, enfraquecendo a Igreja e nossa profecia, que deve transmitir a mensagem libertadora e profética das verdades ensinadas por Cristo.

Aqui entra o grande questionamento sobre a vida consagrada. Será que as influências da secularização têm entrado na vivência de nossa consagração? E, se entraram, então qual é a força visível de nossa profecia neste mundo secularizado? Mais do que nunca precisamos ser profetas *do Sagrado*, dos valores evangélicos e termos a coragem de vivermos os preceitos e a moralidade cristã como reações contra o secularismo. A questão efetiva do anúncio e da denúncia da vida religiosa no meio desse mundo é urgente. O mundo precisa de sinais concretos de que alguns vivem, conscientemente, valores diferentes e animam a coragem para outros viverem-nos.

> Somos chamados a caminhar na presença de Deus (...) Esse é nosso primeiro compromisso profético – o mundo precisa ver, tocar, experimentar, em nós, a fé radical, a proclamação dessa centralidade de Deus. A fé radical é o primeiro dos traços irrenunciáveis do seguimento de Jesus (Irmã Márian Ambrosio, IDP, *Convergência*, setembro, 2018, p. 38).

Alguns sinais do secularismo que poderiam ter entrado na vida consagrada e que tiveram efeitos especialmente na vida comunitária e na eficácia da profecia são:

1. Racionalismo: a razão é considerada agora como a autoridade máxima e única. A tradição Sagrada não tem mais voz. A fé não tem mais importância nem valor na área da prática de religião e, consequentemente, na vida consagrada.

2. Relativismo: tudo é relativo. Não há mais absolutos como crenças, tradições legítimas e práticas religiosas. Tudo é válido segundo nossa própria determinação. Portanto, não há ética. Não há valores permanentes. Os votos são totalmente relativos especialmente em sua prática.

3. Narcisismo: cultivar *excessivamente* o amor próprio. Só "eu" existe em tudo. Ninguém pode questionar nada. "Eu" sou a lei suprema.

4. Hedonismo: promover e fazer tudo que justifica *o prazer pessoal incluindo o prazer sexual*. É só sentir-se bem sem precisar pensar em sair de si para servir aos outros. A sexualidade desordenada e suas manifestações entram aqui também. Nesse sentido, pornografia na internet entrou na vida religiosa.

5. Materialismo: a busca dos bens materiais fica em primeiro lugar. Tudo é voltado para benefício próprio *sem precisar partilhar com os outros* e sem a necessidade de profetizar o valor evangélico da pobreza. A pobreza sofreu muito como um valor evangélico e profético na vida consagrada por causa do materialismo.

6. Individualismo: "eu" sou o dono de toda a verdade. Criou-se um egoísmo no extremo, em que só o "eu" tem valor sem acolher as colocações e as verdades dos outros. Tal atitude está destruindo a capacidade de formar comunidade cristã e religiosa.

O religioso que vive alguns desses princípios da secularização, quando encontra contratempos em sua vida consagrada e comunitária, conclui que a solução é, simplesmente, desistir de sua promessa de consagração. A ideia de compromisso em favor do reino *por toda a vida* não tem nenhum sentido dentro das crenças de secularismo. Tudo é relativo e egocêntrico.

A formação inicial e permanente precisa confrontar essas tendências apresentando aos formandos a mensagem do Evangelho como o lugar central, a fim de viver o amor e a doação de si em favor dos outros.

O profetismo na vida consagrada iniciou na vida religiosa como um movimento vocacional, distinto na Igreja, no fim do século quarto, porque a Igreja começou a esquecer de sua identidade, de sua missão e ficou profundamente corrupta. A situação no mundo de hoje exige a renovação e a ação profética da vida consagrada. A situação do profetismo no início da vida consagrada não é tão diferente diante do secularismo de nossos tempos.

> Todavia quando o Edito de Milão no ano 313 elevou Cristandade para um lugar privilegiado no Império Romano, a Igreja começou a aceitar e até defender a ordem social dominante, especialmente os itens de guerra, dinheiro e classes sociais. A moralidade ficou individualizada e ficou profundamente sexual. A cristandade começou a perder seu ponto de vista e influência evangélica. Não é de surpreender que a vida religiosa começou a florir depois de 313 (Frei Richard Rohr, Daily Meditation: "Following Jesus" (tradução minha).

A essência da vida consagrada é *um ser*, isto é, o desejo de amar a Deus e ao próximo de forma mais intensa, vivendo assim a aliança do batismo de forma visível no meio do mundo secularizado sem Deus. E os Padres e as Madres do Deserto descobriram que seu maior feito era sua profecia na Igreja e no mundo longe da vivência da aliança de seu batismo. A profecia, portanto, é uma parte essencial da vida consagrada. É nosso maior fazer e serviço na Igreja e no mundo secularizado de hoje.

Primeiramente, os Padres entenderam que eles foram mandados por Deus para serem a *memória da Igreja*, isto é, para viverem intensamente a aliança de seu batismo por meio da consagração religiosa. Os religiosos deveriam lembrar o resto da Igreja o que eles deveriam viver: sua aliança do batismo, uma aliança de amor. Os religiosos serviam, então, como luz e sal para o resto da sociedade cristã e como um ânimo para ajudar a Igreja a viver sua vocação batismal. O resto da Igreja teria o direto de olhar para seus consagrados e buscar neles esse bom exemplo, ânimo e essa radicalidade de amor, podendo criticá-los, se não achassem essa profecia neles.

> Os povos latino-americanos e caribenhos esperam muito da vida consagrada, especialmente do testemunho e da contribuição que mostram o rosto materno da Igreja. Seu desejo de escuta, acolhida e serviço e seu testemunho dos valores alternativos do Reino mostram que uma nova sociedade latino-americana, fundada em Cristo, é possível (Doc. Aparecida, n. 224).

O segundo sentido de profeta foi assumir a função de ser "a consciência da Igreja". Assumiram a função de ser os guardiões da fé e da moralidade cristãs. Desde o começo, os Padres do Deserto nunca tiveram medo de corrigir os erros evangélicos, ocorridos na Igreja, isso do Papa até aos mais humildes. Eles apontaram os desvios da vivência evangélica da aliança do batismo. Isso, é claro, muitas vezes, causou perseguições e trouxe sofrimentos para os religiosos de dentro e de fora da Igreja. Os profetas religiosos sérios incomodaram a Igreja e o mundo.

A vida profética da vida religiosa segue as duas dinâmicas dos Profetas do Antigo Testamento: ANUNCIAR e DENUNCIAR.

ANUNCIAR

1. O SAGRADO. Nosso mundo moderno e secularizado está necessitando do anúncio dos princípios do reino e do cumprimento da aliança do batismo. A primeira profecia para anunciar é nossa vivência *do Sagrado*. Cada vez mais o mundo está tentando apagar e livrar-se da presença de Deus para justificar sua imoralidade e suas injustiças

gritantes. Se não existe Deus, então cada um pode determinar sua própria moralidade, tentação original: "Comei esse fruto e sereis iguais a Deus". Para poder profetizar, os religiosos precisam ser de fato homens e mulheres "de Deus", a fim de mostrar que eles vivem, intensamente, o Sagrado em sua vida. Isso pode ser demonstrado por meio de uma vida sincera de oração, de liturgia e serviço aos necessitados. *Eles vivem em e por Deus.* Vivem o conteúdo da aliança de amor do Batismo: Deus e o próximo.

2. FRATERNIDADE. O mundo está destruindo muitos sinais de fraternidade, por isso um Religioso assume um valor evangélico, isto é, uma vida de fraternidade em comum. É uma profecia de amor fraterno e de partilha, em que "não há necessitados entre eles". É profética, neste mundo materialista, que não aceita os princípios evangélicos de fraternidade. Anunciamos que a fraternidade é possível e é um valor evangélico (At 2,44-47).

3. CORAGEM PARA VIVER OS VALORES EVANGÉLICOS. Os religiosos são convidados a viver os valores do amor, da pobreza, da castidade e da obediência, da partilha alegre, para poderem mostrar ao mundo que existem esses valores no mundo secularizado. Amamos o mundo, mas não somos "seduzidos" por seus valores, que destroem a fraternidade e a experiência de Deus. Por isso, muitos fecham seus ouvidos e seu coração para os consagrados. Sua vida de anúncio incomoda e questiona seus valores antievangélicos. Enfim, anúncio é a coragem de os religiosos serem diferentes, neste mundo, sabendo que, possivelmente, haverá reações e até perseguição, pois o anúncio autêntico incomoda.

4. A BUSCA DA VONTADE DO PAI EM TUDO. O mundo entrou em um fechamento doentio para evitar a busca da verdade, que liberta. Os religiosos devem profetizar sua busca necessária para poder acolher a vontade do Pai, que, desde o começo da criação, quis que formássemos seu reino de amor e de paz. Uma busca que exige renúncia para poder vivermos a aliança de nosso batismo. Precisamos mostrar ao mundo que nós buscamos essa abertura na oração, na liturgia, na fraternidade e no serviço alegre e generoso. Que buscamos a coragem para sermos diferentes *por opção de vida*.

> Na atualidade da América Latina e do Caribe, a vida consagrada é chamada a ser uma vida discipular, apaixonada por Jesus-caminho ao Pai misericordioso, e por isso, de caráter profundamente místico e comunitário. É chamada a ser uma vida missionária, apaixonada pelo anúncio de Jesus-verdade do Pai, por isso mesmo radicalmente profética, capaz de mostrar à luz de Cristo as sombras do mundo atual e os caminhos de uma vida nova, para o que se requer, e um profetismo que aspire até à entrega da vida em continuidade com a tradição de santidade e martírio ... (Doc. Aparecida, n. 220).

DENUNCIAR

Basicamente, um religioso é chamado a denunciar qualquer coisa ou pessoa que não permitam que o povo de Deus possa viver a aliança de amor de seu batismo. Denunciamos tudo o que ofende a *dignidade do ser humano* como uma criação amada do Pai. "Não oprimam a viúva e o órfão, nem o estrangeiro e o necessitado. Nem tramem maldades uns contra os outros" (Zc 7,10). Há o entrosamento fiel dos religiosos na luta pelos direitos dos pobres. Há tantos sinais de desigualdade imoral em nossa sociedade Latino-Americana e Caribenha. Os pobres precisam de uma voz corajosa em favor dos ofendidos, que sofrem física, psicológica e materialmente. A miséria é uma injustiça contra a vontade do Pai.

Precisamos denunciar a triste situação de nossa juventude, que enfrenta a constante propaganda das coisas não evangélicas, sem ter uma voz para mostrar-lhes outros valores evangélicos. Cada vez mais, jovens estão abandonando a prática de religião.

Denúncia passiva é viver com sinceridade nossos valores evangélicos na vida consagrada, que, cedo ou tarde, tocarão profeticamente no coração deles e os convidarão a assumir a conversão a esses valores. Isso deve ser feito especialmente nos lugares onde estão nossos pobres e desesperados (inserção nos meios populares). Nossa vida é uma profecia de tantos valores evangélicos. Se vivermos nossa vida na autenticidade, automaticamente, colocaremos a sociedade em questionamento sobre seus valores seculares. Mas, se a denúncia passiva não der certo, os religiosos precisarão de coragem para passar para outra opção corajosa: a denúncia ativa.

Denúncia ativa acontece quando toda uma comunidade religiosa assume profetizar *publicamente* uma denúncia. Deve ser uma decisão com a participação de todos, mas de acordo com a situação dos membros, como, por exemplo, idade ou saúde.

Usamos qualquer meio social para mostrar o mal que está acontecendo e destruindo a dignidade dos homens, especialmente dos pobres: dar entrevistas na TV, artigos nos jornais ou nas revistas, usar o rádio, os celulares. Os religiosos precisam denunciar o mal existente na sociedade e na Igreja. Mas com a denúncia ativa e pública sempre haverá uma reação na forma de *perseguição ou até de martírio*. A denúncia ativa incomoda, questiona e revela o mal que acontece. E ninguém quer ouvir essa denúncia. A história de religiosos mártires na América Latina, defendendo os pobres, aconteceu no começo da colonização, em nosso continente pobre, e continua acontecendo até hoje. Irmã Dorothy é um exemplo recente dessa situação.

Há uma verdade sobre a profecia na vida religiosa que precisamos anotar. Não podemos ter *denúncia* sem também termos o *anúncio* do Reino. Isso e a interpretação errada da teologia de libertação talvez foram os grandes erros, no recente passado da vida religiosa inserida. Às vezes, nós somente denunciamos, mas não anunciamos e não ensinamos os princípios evangélicos ao povo de Deus, sobretudo o perdão e a partilha. A profecia exige uma *mistura fina* entre o anúncio e a denúncia para ser autêntica. Foi o sistema dos Padres do Deserto e nosso hoje.

Enfim, depois do Concílio Vaticano II, de várias assembleias do CELAM e de algumas orientações da CRB, parece que a nova geração de religiosos em geral tem menos conhecimento da situação social, política e econômica de seus países do que no passado. A CRB reconheceu essa realidade e pediu que, nos cursos do Novinter ou do Juninter, haja um conteúdo sobre a realidade social, política e econômica do país, para os religiosos conhecerem melhor a situação real e poderem, depois, anunciar e denunciar profeticamente nossas realidades.

8. Opção fundamental na vida consagrada

Uma parte de nosso profetismo é demonstrar que nós vivemos uma opção fundamental na vida. E essa opção, que deve colorir todas as nossas outras opções, é a vivência intensa de nossa consagração batismal. Na vida consagrada, essa opção fundamental é o desejo de viver a aliança do batismo *de uma forma intensa*; amar a Deus e ao próximo é a opção fundamental da vida consagrada, que deve tocar em tudo. Nós vivemos para amar a Deus e ao próximo no concreto da vida. Precisa ser algo visível e profético.

Na consagração pública de nossa profissão religiosa, nós prometemos à Igreja que iríamos viver a aliança de nosso batismo 100%. Só que, por uma porção de razões espirituais e psicológicas, apenas demos honestamente 60% a Deus naquele momento. Somente valeu essa nossa profissão se também prometemos caminhar para o cumprimento do 100% de amor a Deus e ao próximo.

Nesse momento, entra, em nossa opção fundamental, o elemento essencial de *conversão*. E esse caminho para o 100% continuará até o "caixão" e nunca seremos perfeitos, nunca seremos 100% no amor a Deus e ao próximo, porque somos humanos e limitados física e psicologicamente.

Somente seremos perfeitos 100% com o abraço de Deus Pai, após a morte.

A opção fundamental toca muito em nossas motivações: vida espiritual, vida comunitária e vida apostólica. Somos livres para optarmos por nosso "eu egoístico", que fecha a porta para amarmos, verdadeiramente, a Deus e a nosso próximo e para continuarmos no caminho, a fim de realizar o 100%; infelizmente, uma opção para o "autoamor". Ou podemos optar pelo "outro", que exige nossa doação para amar a Deus e ao próximo. Quem opta pelo "outro" avança, então, no cumprimento de seu amor intenso e no cumprimento de consagração religiosa. Precisamos, frequentemente, questionar-nos sobre nossas motivações para, honestamente, continuarmos no caminho para o 100% na consagração e na promessa que fizemos diante da Igreja. A conclusão é de que, para assumirmos a vida consagrada, a opção fundamental *pelo outro*, necessariamente, precisa predominar, isto é, uma vida virada para "o outro", para Deus e nosso próximo. Quem opta pelo "eu" não é capaz de viver a aliança do batismo radicalmente nem a vida em comunidade.

O sinal de nossa fraqueza humana é que podemos viver duas opções contrárias no mesmo nível de intensidade: "eu" e "o outro". Isso afeta e dificulta notavelmente nossa opção fundamental pelo "outro". Também podemos viver uma opção por amar nosso coirmão e, ao mesmo tempo, ter raiva dele. Ambas opções são livres e causam uma confusão em nosso interior. Outro exemplo: queremos viver nossa consagração e, de repente, aparece o pecado (opção livre) em nossa vida. *Agora a opção por amar e por* não amar coexistem em nosso *coração*. Todo pecado no fundo é uma opção por não amar. Mais uma vez há confusão diante de nossa escolha por amar 100%. Nos dois casos, raiva e pecado não significam que mudamos, radicalmente, a predominância de nossa opção fundamental pelo "outro" para opção predominante para o "eu". Um consagrado sério não aguentaria ficar em um estado de desamor; logo buscaria reconciliação com Deus e com seu próximo. Diante dessa situação, o religioso faz a opção por procurar a conversão e voltar a caminhar para o 100%.

É muito difícil mudar nossa escolha em favor do "outro" para o "eu". Isso seria o que nós chamamos de pecado mortal. Antigamente, foi ensinado que se poderia mudar a opção fundamental em um ato: ao existirem somente duas distinções de graus de pecado, isto é, venial e mortal. Os moralistas de hoje fazem a distinção entre três graus de pecados: venial, grave e mortal. A passagem de venial para o grave requer muitas faltas para chegar até um estado "grave". Grave significa que o religioso fez escolhas contra sua promessa de consagração. Está "doente espiritualmente" e na beira de mudar sua opção fundamental do "outro" para a predominância do "eu". E se não entrar na conversão logo estará, por opção livre, no "mortal". A pessoa se coloca dentro de um bloco de gelo, onde o amor dos outros, incluindo o de Deus, não entra, não penetra, mas, pior, bloqueia a capacidade de ele amar, pois *não sai de si mesmo. É amor próprio no extremo. Por isso, um religioso precisa confrontar-se diante de seus pecados e buscar a reconciliação e a conversão antes* de chegar a uma situação grave e mortal.

Padre Libânio, SJ, em uma aula do CETESP, dirigida pela CRB nacional, usou uma palavra para descrever porque é impossível viver a aliança de consagração 100%. A palavra foi "dadidade", que significa "tudo que foi dado a mim desde o útero". Podem ser coisas fabulosas que recebemos durante nossa caminhada na vida. Mas também recebemos coisas negativas, que não nos permitem escolher o "outro". As coisas negativas em nossa "dadidade" servem como bloqueios e resistências a optarmos por amar a Deus ou ao próximo. Há quatro áreas de nossa "dadidade" que, possivelmente, servem como bloqueios para não optarmos pelo outro: a herança negativa que recebemos de nossos pais (complexo de inferioridade e outros); a história pessoal de nossos pecados, que criam resistências para escolher "o outro"; a influência de nosso mundo secularizado; e, finalmente, o que São Paulo chamou de "concupiscência" ou fraqueza humana. Por causa dessas influências, achamos dificuldades em amar a Deus "de todo o nosso coração" e ao próximo como amamos a nós mesmos. Essas quatro razões agem como bloqueios, resistências e fraquezas quando precisamos optar pelo "outro" e viver nossa consagração e opção fundamental 100%.

"Infeliz de mim." É também nossa realidade. Diante de nossa promessa de consagração e acolhendo a realidade de "dadidade" em nossa vida, nossa opção fundamental pede e aconselha que passemos por certos passos de libertação dessas influências negativas. O processo exige certas opções livres, que resultam em libertação.

1. *Assumir* nossa "dadidade" negativa sem medo.
2. *Superar* os obstáculos de nossa "dadidade", que não permitem que amemos.
3. *Acolher* com paciência uma vida toda de *conversão*, para caminharmos para o 100%.

1. Assumir é o processo, às vezes longo e doloroso, de integrar nossa "dadidade" em nossa vida espiritual e humana. É buscarmos a verdade sobre nossa realidade, que liberta, para sairmos do passado, a fim de assumirmos nosso ser hoje. "Quem me libertará deste corpo de morte? Sejam dadas graças a Deus por meio de Jesus Cristo nosso Senhor!" Não devemos continuar usando o passado como desculpa para nossa vida hoje. Por exemplo, se alguém diz: "Estou bravo porque meu pai bebia e batia em mim" ("dadidade"), na verdade, está optando por ser bravo e não assumir o trabalho de libertação. *O que aconteceu no passado não determina nossa pessoa hoje, mas indica o que se pode fazer.*

Uma parte importante nesse processo é acolher nossa "dadidade"; apesar dela, Deus ainda nos ama sem condições. Em uma comunidade religiosa, acolhedora, podemos começar a acolher o apoio dos outros.

2. Superar: nenhuma "dadidade" determina nosso ser hoje, mas, sem dúvida, tem influências em nosso ser e agir na vida. Assumindo um processo, somos capazes de purificar, santificar, e nos libertar desse passado e da "dadidade". Exige compromisso, o assumir dar passos espirituais e psicológicos para conseguir essa libertação.

Exige paciência, coragem e passos concretos. Não podemos simplesmente ficar com a frase "coitado de mim".

3. Conversão: há a necessidade de dar passos concretos no processo de libertação, principalmente dar *o perdão a pessoas e perdoar os acontecimentos concretos* que formaram negativamente nossa "dadidade". Alguns pecaram contra nós e causaram muitos sofrimentos. Mas o caminho de libertação é abraçá-los e perdoá-los, mesmo os falecidos. Exige, sobretudo, *o perdão a nós mesmos* porque permitimos que o passado controlasse nossa vida por tanto tempo. A conversão começa quando assumimos que Deus não nos julga pelas coisas difíceis em nossa dadidade; Ele quer nos curar. Ele não nos condena, quer nos libertar. No silêncio do coração, na contemplação, começamos a perceber na fé o amor de Deus como dom em nossa vida e experimentamos sua imensa misericórdia, que nos cura. Criamos a coragem de falar com Deus sobre as partes *dolorosas* de nossa dadidade, porque descobrimos que Deus, mesmo vendo tudo, ainda se apaixona por nós. "Sejam dadas graças a Deus por meio de Jesus Cristo nosso Senhor!" foi o caminho de conversão na vida de São Paulo e é o nosso.

O programa de formação inicial precisa fornecer ao candidato fontes para que ele possa chegar até um autoconhecimento não só de sua vida espiritual, *mas também de sua dadidade e de suas capacidades ou limitações psicológicas, sociais e morais*. A orientação psicológica e a direção espiritual ajudam muito nesse processo de acolher, integrar e superar nossa "dadidade".

9. O problema de anemia espiritual

"Anemia espiritual" significa que o fogo original, que nos motivou a assumir a vida consagrada, começou a esfriar, e os resultados são enormes. Começamos a viver uma identidade falsa na Igreja. Prometemos amar a Deus "de todo o nosso coração", e esse amor começa a apagar por indiferença, rotina ou pela opção de colocar nossos substitutos no lugar de Deus. "Contra você, porém, tenho isto: você abandonou seu primeiro amor" (Ap 2,4).

Na formação inicial esse fogo foi aceso e, realmente, levou-nos para um "primeiro amor". Formamos alicerces para assegurar a vivência desse fogo especialmente no noviciado. Mas, depois dele, houve tempo de graça para cultivar esse primeiro amor, pois o novo professo foi jogado em uma atividade frenética. Estudos, afazeres acumulados, influências da secularização, e Deus começou a ficar na periferia e não no centro de nossa vida consagrada. E a primeira coisa esquecida foi a necessidade de manter o fogo de amor aceso. Amar a Deus e deixá-lo amar seu consagrado é necessário para cultivar a vida de qualquer consagração religiosa. *O amor começa a esfriar por falta da experiência do amor de Deus a seu consagrado.* A oração pessoal, com um tempo diário de intimidade para estar na presença do Amado e ser amado por Ele, é a primeira coisa que os neoprofessos começam a largar. O fogo de amor mútuo começa a enfraquecer e com consequências lamentáveis.

Logo depois do noviciado, talvez no primeiro retiro, os neoprofessos precisam parar e, com honestidade, perceber se perderam algo importante em sua consagração: um tempo honesto para estar com Deus diariamente. Precisam de conversão, de confronto com suas promessas de consagração. Se não, *logo virá a anemia espiritual, e o fogo morrerá*. O religioso começa a viver por viver, sem vida, e a profecia, tão necessária em nosso mundo secularizado, fica apagada. Precisamos redescobrir o fogo original que exigiu opções claras diante de nossas mil distrações. Sem momentos de intimidade entre Cristo e o consagrado, ela simplesmente esfria e logo morre. Falta a experiência do amor de Deus e, consequentemente, o amor a Deus "de todo o nosso coração".

Cada religioso pode, se quiser, dedicar ao menos 20 minutos por dia para estar na presença de Deus "numa conversa amigável entre duas pessoas consagradas" (Santo Afonso). É o mínimo que podemos e devemos dedicar a Deus, para quem nós consagramos toda a nossa vida. Sem dúvida, todos podem achar esses vinte minutos se quiserem. Eis a questão – "se quiserem". Exige disciplina para marcar, mais ou menos, o mesmo horário diariamente. Não pode ser "quando tenho tempo", porque sempre podemos colocar nossas distrações no lugar de Cristo. Exige a opção para deixar nossas distrações (por exemplo, nosso celular) em segundo lugar, conversão, opção livre, honestidade para acolher o que o fogo começou a diminuir, porque escolhemos isso. Deus não mudou, nós mudamos e perdemos o foco central de nossa vida: Jesus Cristo, o Mestre.

Também é descobrir (estudo/leitura/formação permanente) a riqueza dos sacramentos que alimentam nossa vida consagrada para evitar qualquer anemia espiritual, como, por exemplo, o valor da Eucaristia, que nos alimenta e nos dá força e perseverança. Nossa vida, depois de nossa consagração, é uma viagem, às vezes, difícil no deserto das tentações, pelas quais o próprio Cristo humano teve de passar. Nesse deserto, precisamos lutar, para manter a fidelidade das promessas de nossa consagração, enfrentar muitas tentações contra nossa fé, contra nossa caridade, contra nosso egoísmo e nosso orgulho. Enfim, não é fácil manter nossa fidelidade diante das promessas da consagração que assumimos. Não é fácil manter uma atitude constante de amor a Deus de todo o nosso coração e a nosso próximo, como amamos a nós mesmos. Exigem opções claras em favor do amor e a necessária renúncia de nós mesmos para podermos amar de verdade. O amor verdadeiro exige renúncia. E recebemos toda essa força de Cristo na Eucaristia.

Às vezes, na viagem ao deserto das tentações, nós, religiosos, ficamos "desanimados" e fracos diante da aliança de consagração, da missão e de profecia. Desanimados porque ficamos indefesos, "sem espírito" e sem forças. Ficamos *fracos por falta de alimento*. No deserto, experimentamos na pele o ponto alto de nossas fraquezas, isto é, nossa infidelidade diante da aliança de consagração. Por essa fraqueza e sem alimento, ficamos famintos espiritualmente e fracos diante das exigências da aliança. Precisamos, como o povo de Israel, *do maná, que veio do céu,* demonstrando a bondade de Deus a seu povo, a fim de dar força para seus enfraquecidos, já que fizemos a aliança diante de Deus e de sua Igreja.

Precisamos de algum alimento para nos fortalecer no caminho, porque, sem essa comida, nós vamos ficar espiritualmente doentes e morrer vocacionalmente. Precisamos de uma injeção de esperança e de ânimo para continuarmos na luta e mantermos nossa fidelidade. Precisamos de força para resistir por amor às tentações contra nossa fé e nossa "carne".

Nessa situação, Deus, mais uma vez, toma a iniciativa do amor. Deus Pai vem ao encontro dos enfraquecidos, com o novo maná, seu próprio Filho Jesus Cristo. E a Eucaristia é e faz exatamente tudo isso em nós. A Eucaristia é o alimento que vem do céu para reanimar e fortalecer os que estão no deserto a caminho da casa do Pai. A Eucaristia serve especialmente para os que estão desanimados na luta e que sentem sua fraqueza humana e espiritual. *Cristo mesmo é nosso novo maná. Cristo é nosso <u>alimento</u>.*

> Naquele tempo, tomou Jesus a palavra e disse: "Vinde a mim todos vós que estais cansados e fatigados sob o peso de vossos fardos, e eu vos darei descanso. Tomai sobre vós o meu jugo e aprendei de mim, porque sou manso e humilde de coração, e vós encontrareis descanso. Pois o meu jugo é suave e o meu fardo é leve (Mt 11,28-30).

Cristo é o dom do Pai ou o pão, que veio do céu, para salvar, confortar e encorajar os fracos consagrados. Esse Cristo, em forma de pão, afugenta nosso desânimo e nossa fraqueza e devolve para nós sua força para que possamos continuar a caminhar na fidelidade. Cristo vem como pão para partilhar conosco *sua própria força*, para nos ajudar a resistir às tentações no deserto, como Ele mesmo teve de fazer. Cristo promete estar sempre conosco: "Eis que eu estarei com vocês todos os dias, até o fim do mundo" (Mt 28,20). Cristo cumpre essa promessa em cada celebração da eucaristia, ao ficar presente no meio de nossas comunidades religiosas por vinte quatro horas em nossos sacrários. Nunca nos abandona, especialmente quando sentimos a força de nossas tentações. Podemos estar com Ele em qualquer momento do dia ou da noite, amando-o e sendo amados por Ele. Podemos revelar toda a nossa fraqueza e nosso desânimo diante dele e recebermos o dom de acolhimento, compreensão e o desafio de caminhar com mais força com Ele a nosso lado. "Vinde a Mim, e vos darei descanso."

Cristo na Eucaristia é exatamente esse alimento de que precisamos. Ele vem em nosso auxílio como nosso *amigo e amante divino*. Ele não julga nossas fraquezas, mas nos auxilia e partilha conosco sua própria força e graça. Sem essa comida, o consagrado morre em sua fraqueza e infidelidade e se afasta do projeto batismal de amor. Sem essa comida é impossível amar. Sem esse alimento é impossível continuar a viagem de volta ao Pai com o propósito de amar a Deus e ao próximo 100%. Cristo então é nosso alimento na eucaristia. Ele é nossa força, Ele é nosso amigo fiel. Ele nos convida para maior intimidade com Ele. Nós, religiosos, portanto, vamos ao encontro dele para sermos amados e salvos. Nós, finalmente, vamos experimentar, na humildade, que somos salvos pela graça de Deus, que quer, com uma paixão, amar-nos, curar-nos e nos salvar.

Em respeito ao sacramento de Reconciliação, precisamos assumir nossas fraquezas e buscar reconciliação com Deus. Há três áreas de reconciliação que nós, consagrados, precisamos buscar para reconstruirmos nossa dignidade de filhos de Deus, pois ficamos divididos, quebrados e infiéis nessas áreas de nossa vida. Por isso, primeiramente, precisamos de *reconciliação com nós mesmos*, restaurar em nós a aliança de amor a nossa consagração, que o pecado quebrou, e em nosso coração a opção clara por amar a Deus e a nosso próximo.

Segundo, precisamos de *reconciliação com nosso próximo* porque ele também foi afetado e magoado por nosso desamor. Não existe mais pecado individual, porque depois do batismo cada pecado é *comunitário e tem efeito em todo o "corpo de Cristo"*. "Vocês são o corpo de Cristo e são membros dele" (1Cor 12,22-31). Toda a comunidade sofre com nossos pecados, por isso precisamos do perdão também da comunidade com o perdão de Deus.

Finalmente, precisamos da *reconciliação com Deus* porque no fundo "foi só contra ti que eu pequei", como disse o Rei Davi diante de seus pecados (Sl 51,6). Somente o sacramento da Reconciliação ou da Penitência poderia conseguir essa cura e perdão tríplice: nós, a comunidade, Deus. Essa reconciliação é um dos maiores dons que recebemos de Deus e um dos maiores sinais de sua fidelidade e de seu amor fiel a nós. Acreditamos com fé que Deus é misericordioso; isso é nossa consolação, nossa esperança e nossa copiosa redenção.

Todo pecado, no fundo, é uma ofensa contra Deus Pai, nosso Criador, que nos fez iguais a "sua imagem", por amor e para amar. Nós quebramos a aliança de amor que fizemos com Deus, livremente, escolhendo o desamor, o pecado.

Mas qual é a atitude de Deus diante de nossas infidelidades? Precisamos de muita conversão para entendermos e experimentarmos esse "amor enlouquecido de Deus", como diria Santo Afonso. Diante de nossa infidelidade, o Pai somente quer nos acolher, perdoar-nos, e também nos *chamar à conversão*, para restaurar em nós de novo uma atitude de amor. Somente a fé pode nos ajudar a viver, acreditar, acolher e experimentar essa verdade evangélica. É a grande Boa-Nova. Quem deve estar no meio de nossa busca de reconciliação é esse Deus maravilhoso de perdão e de compaixão. Deus é fiel. Deus perdoa. Deus restaura nossa dignidade de filhos amados e consagrados. Precisamos muito nos purificar e entender que Deus não é vingador diante de nossos pecados; precisamos acolher e deixar que nosso verdadeiro Deus seja misericordioso conosco. E, na contemplação, precisamos entender que a misericórdia de Deus não é algo merecido, mas sim dom que vem do coração da Trindade. E nossa resposta de amor, diante de tamanho amor, é o livre assumir e procurar a conversão em nossa vida. O amor dado exige uma resposta de amor na forma de mudar nossa vida.

Enfim, precisamos buscar esse amor misericordioso no sacramento de penitência ou de reconciliação. Sem ele, começa a florescer a anemia espiritual. É uma necessidade importante em nossa vida consagrada. E, diante desse amor misericordioso, precisamos responder com amor, e nossa resposta, nesse caso, é *a busca sincera de conversão na vivência de nossa consagração*. Conversão não da cabeça, mas a que acontece mesmo na vida, sempre motivada pelo amor. Sem a motivação do amor a Deus e ao próximo, a conversão não dura muito.

10. Devoção mariana

> Na verdade, a Santíssima Virgem é, desde os tempos mais antigos, honrada com o título de "Mãe de Deus", e sob sua proteção se acolhem os fiéis, em todos os perigos e todas as necessidades. Foi, sobretudo, a partir do Concílio do Éfeso que o culto do Povo de Deus por Maria cresceu admiravelmente (Vat. II, *Lumen Gentium*, Cap. VIII, n. 66).
>
> A devoção a Maria, a Mãe de Jesus, é uma constante na história do povo brasileiro. Ao longo do processo evangelizador em terras brasileiras, o evangelho foi anunciado apresentando a Virgem Maria como a expressão mais sublime de fidelidade. A devoção a Maria é elemento qualificador da genuína piedade da Igreja no Brasil, e podemos afirmar que a experiência Mariana pertence à identidade popular (Doc. Aparecida, n. 2).

Antigamente, as Congregações e Ordens praticaram ao menos alguma devoção mariana em suas orações pessoais e comunitárias, baseada, muitas vezes, na própria experiência e devoção do fundador. Nos últimos anos, essa devoção diminuiu um pouco por uma porção de razões. Uma devoção mariana triunfalista não atinge mais um grande número de religiosos, e, de fato, historicamente, nossas devoções precisaram de uma remodelação, senão de purificação. O que estava errado na devoção mariana antes do Concílio Vaticano? Em resumo, os exageros sobre a vida de Maria na história de salvação. A devoção foi baseada mais no sentimentalismo e sempre buscava coisas sensacionais na vida de Maria. Muitas vezes, a devoção mariana frisou somente a necessidade de sentir algo emocional. Mas, quando acabou o sentimento, também acabou a devoção. Foi uma devoção, então, superficial que não chamou os consagrados a imitar Maria. Os religiosos, em suas devoções Marianas, não precisaram de nenhum compromisso religioso, pessoal, social ou comunitário. Foi uma devoção intimista sem a necessidade de compromisso. A devoção Mariana deve nos levar a amar a Deus, ao próximo, ao cumprimento da aliança do batismo e de consagração.

A devoção mariana, antes do Concílio Vaticano II, em geral, não foi muito bíblica nem teológica em seu conteúdo. A ênfase foi mais no sensacional do que em um fundamento bíblico ou teológico. Faltou uma reflexão teológica para nos levar para uma ação concreta e missionária. Ela foi mais baseada em *narrativas fantasiosas* do que na história verdadeira de Maria. Isso deu abertura para todas as coisas fantásticas sobre sua pessoa e sua vida que, de fato, não achamos no Novo Testamento. Uma série de exageros contra o conteúdo da Bíblia ou da teologia mariana que causou uma imensa dificuldade de imitar a pessoa santa de Maria, que ficou tão distante de nossas realidades humanas. Foi difícil estabelecer uma relação saudável com Maria e tentar imitar sua santidade, apresentada nessas histórias fantasiosas.

Vamos ao menos tocar em alguns assuntos que poderiam influenciar nossas devoções marianas na vida consagrada. É um chamado para a conversão no ser e no agir de Maria.

Acho que precisamos iniciar nossa contemplação de Maria com algumas purificações. Diz-se que Maria é "o modelo e mãe dos religiosos", mas nunca foi uma religiosa no sentido tradicional, como nós conhecemos hoje. Nunca viveu uma vida comunitária e nunca teve um carisma apostólico, como nós tradicionalmente conhecemos na vida consagrada. Nunca fez uma profissão pública, prometendo viver os três votos tradicionais, como nós estamos acostumados a entender a vida consagrada hoje. *Maria, de fato, foi uma mulher profundamente consagrada a Deus.* E é essa forma intensa de consagração dela que precisamos redescobrir, contemplar, tentar imitar e viver. Sim, Maria pode nos ensinar como devemos viver nossa consagração religiosa.

> Maria é, de fato, exemplo sublime de perfeita consagração, pela sua pertença plena e dedicação total a Deus. Escolhida pelo Senhor, que n'Ela quis cumprir o mistério da Encarnação, lembra aos consagrados o primado da iniciativa de Deus. Ao mesmo tempo, dando seu consentimento à Palavra divina, que n'Ela se fez carne, Maria aparece como modelo de acolhimento da graça por parte da criatura humana (Doc. Vita Consecrata, n. 25).

Precisamos primeiramente acolher Maria como uma mulher integral, que possuiu *todas as características femininas*. Maria foi uma mulher sexuada e totalmente feminina. Ela viveu sua consagração na realidade completa de sua feminilidade encarnada na vida diária de uma mulher, esposa e mãe. Maria viveu sua consagração em uma situação específica, em um povoado simples; era pobre e nunca fez coisas extraordinárias. Ela nunca fez um milagre por si mesma em todos os Evangelhos. Ela se consagrou dentro das coisas simples da vida. *Sua santidade e consagração foram conseguidas dentro do contexto de uma vida simples.* Não houve coisas extraordinárias em sua vida diária. Não houve sensacionalismo, como ela foi apresentada no passado, com tantos exageros. Aqui precisamos de muita purificação para não buscar em Maria coisas extraordinárias. Por isso foi tão difícil imitá-la. Fizemos de Maria uma "supermulher" que nunca existiu. Mas foi nessa simplicidade que Maria foi uma mulher consagrada, que conseguiu viver o comum de uma forma extraordinária. Isso deve nos aproximar de Maria porque, na maioria de nossas vidas consagradas, não existem coisas extraordinárias. Podemos facilmente entender, apreciar e imitar Maria na simplicidade, vivendo coisas simples por e em Deus.

 O que fez Maria capaz de mudar o simples para o extraordinário e assim ser uma mulher consagrada e santa? Voltamos para as coisas básicas e simples que precisamos refundar em nossa própria vida consagrada. *Maria simplesmente amou.* É tão simples a definição e o segredo de sua santidade e de sua consagração; também deve ser de nossa. Um amor que exigiu dela um frequente sair de si para doar-se a Deus e ao próximo.

Um amor que levou Maria para o *compromisso com Deus e com seu próximo*. Um amor feminino que criou nela a necessidade de comunhão com Deus por meio de oração diária, de liturgia doméstica, com José e Jesus, de frequentar a sinagoga cada sábado, para ouvir e depois praticar a Palavra de Deus. Essas coisas simples impulsionaram Maria para uma obediência dentro do simples e exigiram dela uma confiança inabalável no amor e na providência de Deus. Simples. Cada dia. Amor. Confiança. Compromisso. Obediência.

O Concílio Vaticano II, no documento *Lumen Gentium*, capítulo oito, apresentou Maria como uma mulher de grande intimidade com Deus, de contemplação, "cheia de graça", isto é, de uma comunhão amorosa com Deus e Deus com ela. O Concílio descreveu Maria assim: "Maria é a predileta do Pai, o sacrário do Espírito Santo e, sobretudo, a Mãe do Redentor". A devoção mariana não deve terminar somente em Maria, porém ela é o caminho para a intimidade com cada pessoa da Santíssima Trindade. A devoção mariana deve nos levar para o *culto e a adoração das três Pessoas da Trindade*. Se essa devoção não nos levar para Deus, algo estará deficiente.

O documento do Concílio Vaticano II frisou que a devoção Mariana somente tem sentido por meio do acontecimento de Jesus Encarnado. Maria foi convidada a participar da história da salvação. Seu "sim" colocou-a na corrente da história da salvação da humanidade. Maria *foi uma participante ativa e livre nessa história*. Ela foi convidada a ser a Mãe do Salvador.

Por isso é com razão que os Padres julgam que Deus não se serviu de Maria como de instrumento meramente passivo, mas julgam-na cooperadora para a salvação humana com livre fé e obediência (Vat. II, *Lumen Gentium*, n. 53).

Portanto, toda devoção mariana sempre deve terminar em Jesus Encarnado. Precisamos contemplar seu "sim" em nossa devoção e, com Maria, querer continuar essa história de salvação por meio de nosso "sim" na vida consagrada. A devoção mariana nos compromete com o plano salvador de Deus Pai por Cristo Redentor. E esse amor a Deus levou Maria a amar ao próximo também de uma forma bem feminina e humana (foi às pressas servir sua prima Isabel; intercedeu pelos noivos sem vinho; sofrendo ao pé da cruz, animou os apóstolos na espera da vinda do Espírito Santo). A vivência radical dos dois mandamentos de Deus, que é o fundamento de toda consagração batismal e profissão religiosa, foi encarnada na pessoa de Maria. Por isso Ela é nosso modelo na vida consagrada. Ela demonstrou para nós o caminho, como podemos e devemos viver nossa consagração.

Algumas características da devoção Mariana
Começamos dizendo que a devoção mariana precisa ser celebrada com "os dois pés no chão". Parece simples dizer isso, mas é essencial. Maria é uma mulher que possui todas as características da sexualidade feminina, possui feminilidade. A devoção, então, deve aproveitar-se dessas características para ser autêntica. Devemos falar com Maria como com uma mulher ca-

rinhosa, que entende tudo pelo qual passamos, porque ela passou coisas similares em sua vida. Experimentou momentos de alegria e de profundo sofrimento. Maria era perfeita, mas não desumana ou muito diferente de nós consagrados. Portanto, nossa devoção começa nisso. Não devemos falar com Maria como se ela fosse uma supermulher extraordinária que fica tão distante de nós. Maria teve emoções como nós. Ela teve medos como nós. Ela sofreu tentações como nós. Teve dúvidas como nós. Por isso, podemos aproximar-nos de Maria sem medo e sem pensar que ela é tão distante que não pode entender aquilo pelo qual nós estamos passando.

Nossa devoção deve ser um diálogo entre uma mulher, com uma mulher ou com um homem consagrado. Esse diálogo pode e deve ser bem caloroso. Deve ser muito cheio de afeição e carinho, dos dois lados. Deixe que Maria seja mulher e feminina com você e que essa orientação ilumine sua devoção e sua maneira de se relacionar com ela.

E, finalmente, seguem alguns conselhos sobre a devoção mariana. Não devemos *usar* Maria. Caímos na tentação de usar chantagem emocional para que Maria use sua "influência" para mudar a vontade do Pai ou nos livrar de nossos problemas pessoais e comunitários. Maria sempre nos dirigirá para a conversão em nosso compromisso da consagração. O elemento essencial na devoção a Maria deve ser a *busca da vontade do Pai*. Sem esse elemento e essa prática, nossa devoção mariana será falsa e interessada.

Não devemos pedir a Maria que assuma nossas responsabilidades na vida. Não podemos ter uma devoção a Maria em que não permitimos que ela possa nos questionar e nos dirigir a Jesus para nos afastar de nossos infantilismos. Maria sempre nos dirige à conversão no ser e no agir de seu filho Jesus. No fim, Cristo deve estar no centro de toda devoção Mariana, que exige a busca de imitar suas virtudes.

As duas maiores virtudes de Maria nos Evangelhos são: seu amor radical a Deus e ao próximo ao ter uma vida de doação de si aos outros (o ser da vida consagrada); e sua abertura radical para buscar, acolher e cumprir a vontade do Pai.

Devemos apreciar nossas velhas devoções pessoais e comunitárias, mas talvez elas precisem de "novas roupas". A devoção não pode significar, em primeiro lugar, sentimentalismo ou saudosismo de nossos tempos de infância ou de nossa adolescência, mas sim nos levar para um compromisso com Deus, com nós mesmos, com nossos coirmãos e com nossa missão. O segredo de santidade e autenticidade, por meio das devoções marianas, foi saber se elas estavam nos colocando em sintonia com a vontade do Pai. A união de vontades com a vontade de Deus deve ser a finalidade de qualquer devoção. Não é tão fácil assumir isso. Exige abertura e coragem para colocar "nova roupa" sobre a finalidade de nossas devoções marianas.

A inspiração atrás de nossas devoções marianas foi indicada por meio dos "apelidos" a respeito de Maria, usados pelos participantes do Concílio Vaticano II: "Advogada, Auxiliadora, Socorro e Medianeira". Maria não é divina, nem uma substituta de Deus, mas alguém que intercede por nós e nos defende *(advogada)*; que cuida de nós em todas as circunstâncias de nossa vida consagrada *(auxiliadora)*; e que busca a salvação de todos por meio de seu filho Jesus *(medianeira de todas as graças que vêm de Deus)*. A devoção permite que Maria seja tudo isso em nossa vida particular e comunitária.

> Esta maternidade de Maria na economia da graça perdura sem interrupção, desde o consentimento, que fielmente deu na anunciação e que manteve inabalável junto à cruz, até a consumação eterna de todos os eleitos. De fato, depois de elevada ao céu, não abandonou esta missão salvadora, mas, com sua multiforme intercessão, continua a alcançar-nos os dons da salvação eterna. Cuida, com amor materno, dos irmãos de seu Filho que, entre perigos e angústias, caminham ainda na terra, até chegarem à pátria bem-aventurada. Por isso, a Virgem é invocada na Igreja com os títulos de advogada, Auxiliadora, Socorro, Medianeira (Doc. Vat II, *Lumen Gentium*, n. 185-186).

Finalmente, precisamos acolher Maria como nossa Mãe. Mãe de Deus e, desde nosso batismo, nossa Mãe. Para os pobres não precisa falar mais nada. Mãe é aquela que, sobretudo, ama seus filhos. E a grande virtude que o pobre vê em MARIA-MÃE é seu poder de *intercessão*. Maria é a Mãe do Perpétuo Socorro. Os pobres podem ensinar a nós, religiosos, muito sobre nossa devoção mariana. É uma devoção baseada em profunda confiança e esperança na pessoa de Maria Mãe.

Maria é uma Mãe solícita que vê nossos sofrimentos, intercede por nós e entrega a graça de Deus, doador dos dons, nas mãos de seus filhos consagrados. É o que ela fez em favor dos noivos na festa de Caná. Nos santuários marianos, o povo expressa a alegria de estar com sua Mãe, e para muitos essa Mãe é seu último recurso, pois ela vai pedir para que o Filho Jesus faça um milagre. Maria então é a Mãe intercessora, mas não a milagreira. Quem faz o milagre é Deus. Nós, religiosos, precisamos redescobrir o que os pobres nunca perderam em sua devoção mariana: a simplicidade de um filho diante de sua Mãe.

> "Nosso mediador é só um, segundo a palavra do Apóstolo: "não há senão um Deus e um mediador entre Deus e os homens, o homem Jesus Cristo, que se entregou a si mesmo para redenção de todos (1Tm 2,5-6). Mas a função maternal de Maria em relação aos homens de modo algum ofusca ou diminui esta única mediação de Cristo; manifesta antes sua eficácia'" (Doc. Vat. II, *Lumen Gentium*, n. 60).

Perguntas para partilha comunitária

1. Com tantas atividades, como podemos ter tempo de qualidade na oração pessoal de intimidade "Eu e Tu"? Poderia partilhar a maneira como faz sua oração pessoal com os outros?

2. Você se sente apoiado em sua consagração no ambiente de sua vida comunitária? Se não, o que falta para você? Poderia partilhar isso com os outros membros de sua comunidade?

3. Qual é o significado dos votos da obediência, castidade e pobreza para você neste mundo secularizado? Têm valor profético ou não? O que falta em nossa profecia para animar o povo de Deus?

4. O que animou o processo e o que atrasou o progresso de refundação em sua Congregação ou Ordem (Província)? Onde precisamos de conversão para reanimarmos a "experiência mística" do fundador? Houve uma vida mais crítica do fundador e do que fundou? Como podemos atualizar a fundação sem perder o espírito do fundador?

5. Como animar o conceito de pertença na formação inicial e permanente?

6. Você sente que existe "anemia espiritual" nas comunidades? Quais são os sinais? O que pode ser feito?

7. Sua comunidade pratica alguma devoção mariana? Como você vê a pessoa de Maria e sua santidade nessa devoção? Será que sua devoção mariana precisa de "nova roupa" para animar sua vida consagrada?

Conclusão

O fim deste livro é um convite para, em primeiro lugar, nós, religiosos, fazermos uma viagem para dentro de nós, individual e comunitariamente, e acolhermos os apelos de Deus diante da crise na vocação e na identidade de nossa vida consagrada. Segundo, para vermos e assumirmos as realidades verdadeiras e proféticas de nossa vida comunitária atual. Tem como finalidade também examinar a saúde de nossas Províncias, em particular, e de nossa Congregação ou Ordem em geral. Nessa viagem, sem dúvida, descobrimos coisas fantásticas (os avanços). Mas também, com honestidade, descobrimos que precisamos acolher coisas difíceis em nossa vida pessoal e comunitária (os retrocessos). Mostra que podemos acolher possíveis pistas de conversão para perceber os sinais de crise em nossa vida pessoal, comunitária e congregacional. O fim do livro é um apelo à conversão para fazer nossa vida mais proféticas que é uma urgência em nosso tempo secularizado e sem Deus.

Precisamos observar a realidade da crise mundial na vida consagrada. Trata-se de um reconhecimento doloroso, mas sem perceber seus sinais nunca haverá passos concretos para superar a crise. Não é a primeira vez, historicamente, que há crises na vida consagrada, entretanto sempre apareceram movimentos com nova criatividade profética para introduzir, de novo, o essencial do ser e do agir consagrados na própria Igreja e no mundo. Houve, depois do documento do Concílio Vaticano II (*Perfectae Caritatis*), o movimento necessário para reanimar nossa identidade. O essencial da vida consagrada nunca mudou, isto é, nunca mudou o desejo de viver a aliança do batismo, os grandes mandamentos de Deus, reduzidos por Cristo a dois: *amar a Deus de todo o nosso coração e amar a nosso próximo de uma forma mais intensa*. Foi isso que Cristo humano viveu. E, na história de um consagrado, veio o convite "Siga-me", na vivência mais intensa desses dois mandamentos. Não podemos esquecer essa base da vida consagrada e a coragem para reanimá-la, com "roupa nova", segundo as realidades do mundo e da Igreja hoje.

A crise tem, em primeiro lugar, os *apelos pessoais de conversão*. A consagração religiosa é basicamente nosso compromisso diante de Deus, da Igreja e do mundo para viver essa vocação. Nós prometemos, publicamente, no dia de nossa profissão, viver a vida consagrada.

Tudo começa no coração de cada consagrado. Os apelos de conversão do Espírito Santo são dirigidos sempre, em primeiro lugar, a cada consagrado. O Espírito Santo fala ao coração de cada consagrado segundo as necessidades de cada um. É um sinal de seu amor e fidelidade na aliança de consagração. Ele sempre fala a verdade a nosso coração se estivermos abertos para ouvir e acolher sua direção. Para os indivíduos o apelo de conversão é *comunitário* e acontece de acordo com a vivência sincera de nossa consagração e profecia tão necessária neste mundo secularizado, que tenta apagar Deus. Mais do que nunca, precisamos formar comunidades de apoio mútuo na fidelidade de nossa consagração. É importante frisar que a iniciativa vem de Deus. Sempre foi assim no Antigo e no Novo Testamentos. É Deus que desce e nos chama à conversão na vivência autêntica de nossa consagração. Deus chama, fornece a graça, consola, perdoa. Somente falta acolher sua graça e assumir o compromisso de nossa vida consagrada por meio de uma conversão sincera. A cura da crise na vida consagrada está conosco. Deus foi, é e sempre será fiel a nós, consagrados. Que possamos acolher seus apelos de conversão demonstrados nos retrocessos em nossa vida pessoal e comunitária.

Mais uma vez sinto que a grande causa da crise é a falta do aspecto espiritual e, especificamente, contemplativo em nossa vida consagrada. Sem recuperar esse aspecto, a crise vai continuar. Sem experiência do amor de Deus em nossa vida e sem nosso desejo de responder a esse amor, afastar-nos-emos da meta e, pior, de nossa identidade religiosa na Igreja e no mundo. Sem sermos de fato *homens e mulheres de Deus,* simplesmente, viveremos sem vida, sem amor, sem profecia. Deus se tornará uma ideia, mas não a Pessoa, que nos amou, escolheu-nos, valorizou-nos e nos consagrou em seu amor. E sem experiência mística do amor incondicional de Deus, viveremos isolados de seu amor. É a mais importante profecia para o mundo que, cada vez mais, tem eliminado Deus de sua vida.

Podemos e devemos oferecer ao mundo secularizado nossa vivência comunitária. Mesmo sendo imperfeitos, podemos demonstrar ao mundo que nos amamos, que perdoamos e que podemos viver juntos nosso serviço generoso, segundo nosso carisma congregacional. Podemos e devemos ser um sinal profético de Cristo, que veio para servir, e não ser servido, e lavar os pés de nossos irmãos, não só como indivíduos, mas sim como coirmãos em comunidade. Entretanto isso será impossível sem vermos a imagem do Criador em cada irmão. Sem esse aspecto místico não poderemos perceber na fé que quem servimos, dentro ou fora da comunidade, é o Cristo presente neles. Por isso a comunidade precisa investir em liturgia, oração, eucaristia e reconciliação, que devem, verdadeiramente, levar-nos a experimentar um Deus de amor e de misericórdia no meio da comunidade e do apostolado.

Há também a necessidade de buscar, com honestidade, o sonho e o carisma original do fundador. Parece que tudo isso é um processo tranquilo, mas não é. Exige um estudo sério sobre o fundador e a experiência mística que o incentivou a fundar o início corajoso da Congregação ou Ordem. Exige abertura para perceber que, possivelmente, houve desvios sérios desse começo carismático. Houve, possivelmente, acomodação na vivência das Constituições, que são um raio-x do fundador e de seu projeto fundacional. E acomodação levou à crise na Congregação ou Ordem.

Exige muita coragem eliminar estruturas que foram introduzidas com o tempo e que impedem o cumprimento profético e carismático desse dom do Espírito Santo em favor da Igreja. Exige criatividade reestruturar o que o fundador disse essencialmente e colocar "roupa nova" nisso, segundo os sinais dos tempos. Não podemos demorar muito para fazer esse processo doloroso, mas libertador. Sem fazermos isso com coragem, correremos o risco de não atrair vocações, e os sinais de crise, e até de morte, começarão a aparecer. O fundador recebeu do Espírito Santo o dom de fundar a Congregação ou Ordem, mas hoje nós recebemos o dom de continuar a realizar o sonho e serviço originais dos fundadores. Cada membro é corresponsável por continuar esse dom de animar o carisma recebido pelo Espírito Santo, no dia de sua profissão religiosa.

Embora todo esse processo seja algo pessoal, não há nenhuma possibilidade de sucesso, se não houver algum tipo de partilha comunitária desses assuntos. Precisa haver um movimento comunitário para existir um verdadeiro processo de conversão. Alguns talvez vão resistir diante desse processo, mas os que quiserem deverão ter a coragem de buscar a fidelidade do carisma.

Finalmente, precisamos nos preocupar com a realidade de muitas desistências em nossas congregações e ordens. As razões são múltiplas, mas precisamos de coragem para admitir que nem sempre foi só uma razão individual. Às vezes, nossas estruturas e, principalmente, a condição de amor entre nós podem ser a razão dessas desistências.

Que Cristo, que nos chamou, Maria, Mãe dos religiosos e de nossos fundadores, intercedam por nós para que tenhamos a coragem e a fé para caminharmos para a vivência dos 100% de nossa consagração religiosa.

Índice

Introdução:
A Vida Consagrada – Avanços e Retrocessos 3

1. Os Avanços na vida Religiosa 11
1. Cristocentrismo 12
2. Origens da vida religiosa 17
3. Espiritualidade de baixo para cima 19
4. Reescrevendo as constituições 25
5. Inserção nos meios pobres 29
6. Profissionalismo nas congregações 32
7. Corresponsabilidade na obediência 35
8. Consultas prévias 39
9. Cooperação intercongregacional 41
10. Aumento de vocações contemplativas 43
11. Participação dos leigos 45
12. Maior participação nos núcleos da CRB 47
13. Maior participação nas dioceses locais 49
Perguntas para partilha comunitária 51

2. Os retrocessos na vida consagrada 53
1. A vida religiosa em crise 54
2. Ativismo sem freios 56
3. Indicações de secularização na vida religiosa 61
4. Falta de pertença e perseverança 64
5. Falta do processo de refundação 67
6. Falta de profecia na vivência dos votos 70
7. Falta de seguimento radical de Jesus Cristo 81
8. Falta de aprofundar as novas Constituições 85

9. Falta da frequência dos Sacramentos 88
10. Falta de formação permanente 90
11. Anemia espiritual 91
Perguntas para partilha comunitária 95

3. Caminhos de Conversão 97
1. Problema de ativismo e espiritualidade 100
2. Vida comunitária 110
3. Vivência profética dos votos 121
   3.1. Castidade 122
   3.2. Pobreza 130
   3.3. Obediência 140
4. Refundar para reanimar o carisma 147
5. O problema de pertença e perseverança 152
6. Renovar a promessa de seguimento de Cristo 156
7. Profecia em um mundo secularizado 164
8. Opção fundamental na vida consagrada 174
9. O problema de anemia espiritual 180
10. Devoção mariana 187
Perguntas para partilha comunitária 196

Conclusão 199

A marca FSC® é a garantia de que a madeira utilizada na fabricação do papel deste livro provém de florestas que foram gerenciadas de maneira ambientalmente correta, socialmente justa e economicamente viável.

Este livro foi composto com as famílias tipográficas Arial e Minion
e impresso em papel offset 70g/m² pela **Gráfica Santuário**.